꽃처럼 향기로운 마음으로

이 책을 드립니다.

이　　난　　영

바람을 덮다

이난영 수필집 vol 3

교음사

| 책머리에 |

    굵고 화려하지는 않았어도 인생 1막을 즐겁고 행복하게 마무리하였으나 정년퇴직 후 뜻하지 않게 다리를 다쳐 3년 동안 번아웃 증후군에 시달렸습니다. 원예 치료란 말이 있듯 꽃을 가꾸며 고통을 이겨낼 수 있었습니다. 지금은 몸과 마음도 많이 건강해져서 매일 꽃이 있는 텃밭으로 출근하여 나무와 꽃을 가꾸며, 싱그러운 자연을 즐기고 있습니다. 흙냄새 맡으며 틈틈이 글을 쓰면서 마음 다스리기도 합니다.
    꽃은 주는 사람이나 받는 사람 모두에게 기쁨을 주는 선물 중의 하나입니다. 또한 사람과 사람을 연결해 주는 메신저 역할도 하지요. 꽃은 신이 인간에게 선물한 것 중 가장 의미 있는 상징성을 지니고 있다고 할 수 있습니다.
    인생에서 소중한 것은 사랑이라고 봅니다. 부부간의 사랑, 부모와 자식 간의 사랑, 형제자매와의 사랑 등 가족을 사랑하며, 이웃과 나라를 사랑하고 자연을 사랑하는 마음이지요. 수십 종의 반려 식물을 사랑으로 가꾸면서 생명의 신비와 세상을 아름답게 살아가는 법을 터득하고자 노력하였습니다.

향기로 말을 거는 꽃처럼 아름다운 글로 행복 바이러스를 전파하고 싶었습니다. 메마른 마음을 따뜻하게 감싸주는 정감 있는 이야기를 담아내려고 최선을 다하였습니다만, 필력이 모자람을 느꼈습니다. 그래도 이 한 권의 책이 삶에 활력을 찾고자 하는 이들에게 잠시 휴식의 공간이 되었으면 좋겠습니다.

그동안 겁 없이 글을 써왔고, 여기저기 흩어져 있던 글들을 모아 두 권의 수필집을 출간했습니다. 세 번째 수필집을 내려니 많이 망설여졌습니다. 그래도 중부매일, 동양일보에서 지역작가들에게 지면을 할애해 주셔서 저도 용기를 내어 보았습니다. 감사한 마음 전합니다.

삼복염천에 몰입할 수 있어 더위도 잊었습니다. 신뢰의 눈길로 지켜봐 주시는 문우님들, 책을 엮을 수 있도록 지원해 주신 충북문화재단과 출간에 도움을 주신 교음사 강병욱 대표님께 감사의 말씀 전합니다.

2022년 가을 초입에 이난영

이난영 수필집

‣ 차 례
‣ 책머리에

1. 박수의 빛

꽃으로 힐링한다	16
바람을 덮다	20
박수의 빛	25
인생 3막	30
사월이와 오월이	35
춤추는 가족	41
장을 담그다	46
어머님의 선물	51
맏이	56

2. 열나흘 달빛

풍선아트	62
고향을 그리다	67
열나흘 달빛	72
하늘의 별이 되어서도	77
난초의 꿈	82
수를 놓다	87
세시풍속	91
부치지 못하는 편지	96
취묵당	101

3. 담을 허물다

나의 벗들	108
담을 허물다	113
느려도 황소걸음	118
천사의 장미	122
쑥개떡	127
세대교체	132
내가 가는 길이 꽃길	136
못난이 배추	141
국화 옆에서	145

4. 느린 우체통

인생 이모작		150
느린 우체통		155
초겨울 풍경		160
해포 이웃 무심천		165
천 원의 행복		170
반보기		175
용설란		180
잠자는 뇌를 깨우다		184
선암사		189

5. 모두 다 꽃이야

아름다운 우리 강산	196
모두 다 꽃이야	201
호미	206
희망, 봄은 오리라	211
유희(遊戱)하다	215
블루로드에서	220
성과 공유회	225
아홉수의 행운을	228
행복을 담다	233

1

박수의 빛

꽃으로 힐링한다

이른 아침 수선떠는 까치 소리가 정겹다. 수련 화분에 목욕하는 멧비둘기 부부의 다정한 모습이 사랑옵다. 작은 정원인데도 새의 종류도 많고 벌, 나비, 개구리, 사슴벌레, 장수하늘소 등 참으로 다양한 생물이 공존하고 있다. 각자의 영역을 침범하지 않고 자연의 순리에 순응하는 모습을 보며, 그들에게 많은 것을 배운다.

'야심성유휘(夜深星逾輝)'라고 밤이 깊으면 별은 더욱 빛나듯 겨울은 추워야 제맛이고, 꽃은 혹독한 겨울을 나야 향기롭고 아름다운 줄 알았다. 지난겨울 큰 추위는 없었으나 정원의 꽃들은 어느 해보다도 고운 물결을 이루고 있다.

주차장에서 정원으로 향하는 계단을 오르는 순간 암향부동(暗香浮動)에 동공이 확장되었다. 입을 귀에 걸고 코 평수를 넓히며, 귀를 쫑긋 세웠다. 부드러운 바람에 꽃잎이 한들한들 무희를 자처한 호랑나비, 흰나비, 꿀벌들의 춤사위에 코로나19로 얼어붙었던 마음에 웃음꽃이 활짝 피어난다. 아무리 바이러스가 창궐해도 봄은 오고, 꽃은 자태를 뽐내니 자연의 섭리는 오묘하다.

봄 가뭄에 시달리던 홍도화, 백도화가 천상수(天上水)를 머금고 작은 꽃망울을 폭죽처럼 터트린다. 봄의 향연이 절정에 이른 것이다. 어린 시절, 부풀어 오르는 복숭아 꽃망울에는 꿈이 들어있고, 희망도 사랑도 들어 있었으나 지금은 여유와 행복을 준다.

세월이 켜켜이 쌓일수록 추억은 애틋한 그리움으로 피어난다. 음식도 옛날 어머니가 해주시던 오이소박이와 돼지고기에 마늘 다져 넣고 볶은 고추장이 그립다. 꽃도 외래종의 화려하고 향이 좋은 꽃보다 맨드라미, 백일홍, 복숭아꽃이 더 예뻐 보인다.

어머니를 그리며 아침부터 오이소박이와 볶음 고추장을 만들었다. 옆지기가 더 좋아한다. 오이소박이 한입 베어 물고 엄지척, 풋고추를 볶음고추장에 푹 찍어 눈을 껌벅거리며, 입이 미어지도록 상추쌈 먹는 모습이 영락없는 자연인이다.

노자의 도법자연(道法自然) 구절이 생각난다. 도법자연에서 '도는 자연을 본받는다.'라는 말이다. 깊은 뜻은 헤아릴 수 없으나 도는 행복의 길로 해석할 수 있으니 행복의 길은 자연의 법칙을 따르고 본받는 데 있음을 의미하지 싶다.

퇴직 후 꽃을 기르며 힐링한다. 누구나 볼 수 있게 울도 담도 없는 작은 정원을 만들었다. 비좁은 공간에 매년 10여 그루 이상 나무를 심다 보니 발 디딜 틈이 없다. 나무가 너무 다닥다닥 붙어 있어 이식해야 한다. 그런데도 봄만 되면 화원과 농원을 기웃거린다. 올해는 코로나19로 힘들어하는 딸의 눈치가 보여 자제하기로 했다. 싱숭생숭 엉덩이가 들썩들썩 참을 수 없다. 화원에 들러 설중매, 구봉화, 노란 울타리 장미를 식구로 맞이하고야 안정을 찾았다. 과유불급이라더니 꽃과 식물이 너무 많아 어수선하다. 그래도 사계절 꽃을 감상할 수 있어 힐링이 된다.

사람마다 얼굴 생김새와 개성이 다 다르듯 꽃과 나무들도 그렇다. 홍화산사는 새색시같이 고와 첫사랑처럼 설렘을 준다. 관상용 복숭아꽃은 꽃 색이 다양해 신비감마저 든다. 매혹적이고 요염한 홍도화, 원숙한 여인 같은 국도화, 남경도 등 하나같이 황홀하다. 오색도화는 나무 하나에서 흰색, 빨간색, 분홍색, 복합색으로 피어 오묘한 매력을 풍긴다. 백도화는 말 그대로 순백색이다. 꽃봉오리가 부풀어 오르면 망울망울 눈꽃 송이 같기도 하고, 팝콘 튀겨놓은 듯도 하다. 꽃이 피기 시작하면 아기의 순수한 미소같이 달보드레한 맛이 난다. 고아한 아름다움에 내 삿된 영혼이 정화되는 듯하다. 분홍색의 서부해당화와 어울려 꽃 대궐을 이룰 때는 탄성을 자아낼 만큼 환상적이다.

어린 시절 짙은 회색빛 절망과 어둠으로 채워진 가난이라는 멍에, 공기역학적 이론상 날 수 없는 신체 구조의 호박벌보다 더 열악한 환경에서 꽃을 보며 희망을 싹틔웠다. 꿈은 이루어진다고 여고를 졸업하고 공무원이 되었고, 주경야독으로 대학원까지 졸업하며 날개를 단 듯 공직생활을 아름답게 마무리했다. 꽃은 꿈이고 희망이었지 싶다.

암향이 채색한 정원에 꽃잎이 봄바람에 휘날린다. 떨어진 꽃잎에 탐욕과 오만은 실려 보내고, 감사와 행복은 가슴에 담는다. 나들이 나온 분마다 정원을 돌아보며 '꽃이 아름답다. 정원이 예쁘다. 욱욱한 향기에 취한다.'는 등 찬사를 아끼지 않는다. 코로나 팬데믹으로 경제적 어려움은 점점 증가하여 삶이 더욱 어렵고, 황폐해지고 있다. 힘들수록 가족들의 오순도순 정겨운 시간이 필요하다. 바이러스 한파에 위축된 심신을 달래며 힐링하는 가족들을 보며, 나 또한 행복에 물든다.

'어리석은 자는 멀리서 행복을 찾고, 현명한 자는 자신의 발치에서 행복을 키워간다.'고 한다. 내가 사랑받은 만큼 내 빛깔과 향기를 나누고 싶은 마음에 정원을 가꾸며 힐링한다. 글 쓰는 사람이 글로 행복을 주어야 하나 바이러스로 인한 한파에는 꽃과 식물이 얼어붙은 빗장을 풀어주는데 제격이란 생각을 해본다.

(『현대문예』 2020년 구시월호)

바람을 덮다

 열정적인 난타 공연이 끝나자 천연염색 패션쇼가 시작되었다. 모델 못지않게 멋과 맵시를 뽐내며 등장하는 회원들이 관객을 사로잡는다. 자연에서 찾은 빛깔 고운 우리 색, 누구에게나 잘 어울린다.
 천연염색인데도 기술이 뛰어나서인지 색이 곱다. 원피스, 조끼, 홈웨어 등 생활복은 편안하면서도 새로운 감각이 느껴졌다. 그중 올이 고운 모시 한복을 입은 출연자는 단연 돋보였다. 쪽 찐 머리에 군청색 치마와 하늘색 저고리, 반물빛 숄까지 두른 자태가 고아하다.
 모시옷만 보면 어머니가 생각나서 그리움에 사무친다. 어머니는 청주가 고향이다. 관직에 계셨던 두 가문의 할아버님이 손자 손녀 자랑 끝에 혼인을 약속한 게 인연이 되어 열여섯 되던 해에 괴산 산골로 시집을 오셨다. 청주의 내로라하는 부잣집 따님인 열여섯 살 소녀가 얼굴 한 번 본 적 없는 괴산 산골 총각과 결혼했으니 지금 같으면 상상도 못 할 일이다.

시집와서 보니 하늘만 빠끔히 보이는 데다 매일 끼니까지 걱정해야 했단다. 얼마나 어이없으셨을까. 일제 강점기 때 배고프지 않은 사람 어디 있었을까마는 산골이니 더했을 것이다.

부지런한 어머니 성격에 가만히 있을 수 없어 농사를 지으면서도 틈틈이 삯바느질하셨다고 한다. 대갓집 규수답게 음식도 잘하고, 손끝이 여물어 누비 바지저고리에 마고자까지 못 하는 것이 없었으나, 정갈한 성품이 그대로 나타나는 모시옷 만드는 것은 단연 으뜸이었다고 한다. 타고난 솜씨에 지혜와 덕을 갖춘 어머니는 읍내까지 소문이 났고, 밀려드는 일감으로 밤을 낮 삼아 일해도 입에 풀칠하는 정도였다고 한다.

가난을 탈피하는 길은 자식 공부시키는 길뿐이라고 생각한 어머니는 굶기를 밥 먹듯 하며, 60~70년대 산골에서는 보기 드물게 아들들을 대학까지 보내셨다. 옆지기는 고생하는 어머니를 기쁘게 해드리기 위해 열심히 공부하였고, 결과적으로 미래의 행복을 꿈꾸는 계기가 되었다고 회상한다.

매일 늦게 퇴근하는 옆지기를 기다리는 것이 무료해 손뜨개를 배워 어머니 스웨터, 조끼, 모자를 떠 드렸다. 매우 기뻐하시면서

'나도 모시옷은 만들 수 있는데' 하신다. 세월이 흘러도 부지런한 힘이 몸에 배어있는 어머니인데 아이들 학교 보내고 얼마나 적적하셨을까 생각하니 죄송했다.

슬며시 나가 모시 한 필을 사다가 어머니 품에 안겨 드렸다. 어린아이처럼 좋아하시면서 젊었을 적 솜씨를 발휘해 자녀들 생활한복을 아주 맵시 있게 만들어 주셨다. 연세가 있어 큰 기대를 하지 않았는데 놀랄 만큼 훌륭한 솜씨에 감탄이 저절로 나왔다.

자녀들이 좋아하니 자신감을 얻은 어머니는 흰색 모시 원단을 떠다 직접 염색까지 하셨다. 청색, 보라색, 하늘색, 다홍색 등 곱게 물을 들여 기성복 못지않은 디자인에 정성까지 곁들였으니 실용적이면서도 멋스러웠다. 옷이 밋밋하다 싶으면 수예점에 가서 예쁜 자수까지 놓아다 주시니 매우 미려했다.

행복한 듯 재봉틀 앞을 떠나질 않고, 바늘과 실이 빚어내는 아름다움에 취하셨다. 모든 시름 다 잊으시고 열심히 바느질하는 모습은 팔십 노인이라도 기품 있고 우아했다. 다른 분들 같으면 당신 몸 하나 추스르기도 힘드실 텐데 하는 생각에 그저 고맙기만 했다.

모시옷은 정성으로 지어 기품으로 입는다고 한다. 어머니가 사랑과 정성으로 만들어 주신 모시옷을 입고 직장엘 가면 행동까지 조신해지니, 직원들이 우아하고 품위가 있다고 중전마마라고 불렀다. 문학에 소질은 없어도 어머니의 훌륭한 바느질 솜씨를

널리 알리고 싶어 그 이야기를 MBC라디오 여성시대에 응모하였고, 방송에 나오면서 어머니는 더욱 자신감을 얻으셨다.

불볕더위에 질감이 깔깔하고 촉감이 차가운 데다 잠자리 날개처럼 얇으면서 시원한 바람이 솔솔 통과하는 모시옷을 입고 있으면 나도 시원하지만, 보는 사람도 시원함을 느낀다. 손질은 어려우나 아름답고 시원해 한번 입어보면 모시의 마력에 끌리지 않을 수 없다.

어머니는 다니시는 절의 주지 스님 장삼부터 이웃 노인들의 수의까지 만들어 주셨다. 힘들게 왜 그러시냐고 하면, 사정이 여의치 못해 수의도 장만 못한 노인들에게 수의 만들어 주는 것도 보시하는 것이라며, 기꺼운 마음으로 밤잠까지 설쳐가며 만드셨다. 당신 몸 아픈 줄도 모르고, 집안의 대소사는 물론 이웃들의 어려운 사정까지 고루 보살피셨다. 자녀들에게도 예쁜 모시이불을 만들어 주시고는 너무 무리하셨는지 병환이 나셨다. 고난을 오직 부지런함으로 극복한 어머님은 지난한 삶을 살면서도 우아함을 잃지 않으셨다.

어머니와 함께한 27년, 어머니가 가장 행복해했던 순간들을 떠올려본다. 눈에 넣어도 아플 것 같지 않은 손주들과 함께할 때와 재봉틀 위에서 모시와 함께하실 때로 기억된다. 우리나라의 미를 상징하는 여름 전통 옷감 모시는 알게 모르게 어머님의 자존심이고, 사랑이고 행복이었지 싶다. 지혜와 덕으로 어려운 이

옷을 보살피면서도, 언어의 겸손까지 겸비해 칭송하지 않는 이가 없었다. 인고의 세월을 바느질로 승화하셨다고 해도 과언이 아니다.

　어머니가 남겨주신 모시이불을 20여 년이 지난 지금도 고이 간직하고 있다. 삶이 힘들고 고달플 때 모시이불을 보며, 그리움의 냄새 어머니의 냄새를 맡아 본다. 애틋함이 차올라 눈시울이 붉어진다. 어머니의 자애롭고 다정했던 모습을 떠올리며 사랑과 정성, 바람을 덮어 본다.

(『중부매일』 2019. 6. 28)

박수의 빛

 심리학에서 꿈은 무의식의 반영이라고 한다. 자신이 경험한 일, 혹은 마음속에 생각했던 상념, 또는 몸의 상태에 따라 뇌가 활동하는 무의식의 상태에 따라 꿈을 꾸게 된다는 얘기다. 그러나 신기하게도 이 무의식의 상태에서 꾸는 꿈이 신통하게 맞아떨어질 때도 있고, 미래의 일을 암시해 주기도 한다.

 지난밤에 내가 꾼 꿈만 해도 그렇다. 꿈속에서 나는 명사의 특강이 있다고 하여 한 시간이나 앞당겨 강의실을 찾아갔으나 남아 있는 좌석은 맨 뒤뿐이었다. 연단과 거리가 너무 멀어 강사님 얼굴 윤곽이 제대로 보이지 않았다.

귀를 쫑긋 세우고 목을 길게 빼도 벌떼만 윙윙대는 것 같아 강의 내용을 알아들을 수 없었다. 답답한 마음에 주위를 둘러보니 대학생들도 있었고, 중년 여성은 물론 노인들도 있었다. 수백 명이 모인 이들은 모두가 축제에 온 듯 흥분된 표정으로 강의를 듣고 있었다. 마치 인기스타 대형 콘서트를 연상시키는 분위기에서 강연이 끝나자 우레와 같은 박수 소리가 들려왔다. 나도 성심을 다해 박수를 보냈다. 연단을 내려온 강사님이 환호하는 관중을 헤치고 내 앞으로 다가와 악수를 청했다. 황송하여 어정쩡하게 손을 내밀다 깜짝 놀랐다. 강사님은 세종대왕이셨다. 황공하여 절로 고개가 숙어졌다.

당황하여 어떻게 저에게까지 오셨느냐며 허리를 굽혀 두 손을 내밀었다. 박수를 치는 내 손길에서 성스러운 빛이 나기에 궁금해 찾아오게 되었다고 하셨다. 손뼉 치며 유쾌하게 웃으면 면역력을 높여 준다는 말은 들어봤어도 박수에서 빛이 난다는 소리는 난생처음이다. 그것도 성스러운 빛이라니. 이건 분명 좋은 일이지 싶어 어떤 색이냐고 여쭈었다. 대왕께서는 말로 표현할 수 없다고 하셨다. 혹시 무지개색이더냐고 여쭈었으나 고개를 가로저었다. 궁금증으로 고개를 갸우뚱하다가 꿈에서 깨어났다.

꿈은 분명 비현실이다. 하지만 세종대왕의 인자하신 미소와 내 손에서 빛이 나더라는 말씀은 실제에 있었던 일인 양 너무도 생생하였다. 온 국민이 우러러보는 세종대왕을 꿈에서 만났다는 건

예사롭지 않아 보였다. 이 손에서 무슨 빛이 났기에 세종대왕께서 친히 내 앞으로 다가와 악수를 청하셨을까. 성스러운 빛은 어떤 빛일까?

　아침 식사를 준비하고 식탁에 앉자마자 옆지기에게 "박수에도 색깔이 있을까요?" 하고, 물었다. 그는 무슨 뚱딴지같은 소리냐며 귀 밖으로 흘려버렸다. 의자를 바싹 앞으로 당겨 앉으며, 간밤의 꿈을 들려주었다. 그제야 말에도 씨가 있듯이 박수에도 색이 있지 않겠냐며 응수했다. 그리곤 지존하신 세종대왕을 뵈었으니 축하한다며 덩달아 싱글벙글했다.

　그날은 온종일 꿈 생각으로 일이 손에 잡히지 않았다. 좋은 일이 일어날 것 같은 예감이 들었기 때문이다.

　오래전에도 비슷한 꿈을 꾼 적이 있었다. 20년이 훌쩍 넘은 '99년도 마지막 밤이었다. 시어머님께서 오랫동안 병원에 입원해 계셨다. 나는 직장에서 퇴근하면 곧바로 병원으로 가서 어머님 곁을 지켜야 했다. 20세기 마지막 제야의 종소리를 듣기 위해 TV를 틀어놓고, 깜빡 잠이 들었다. 꿈에 사람들이 나에게 높은 산으로 올라가라고 재촉했다. 평소에 겁이 많았던 나는 꿈에서도 지레 겁을 먹고, 무서워 못 오른다고 손사래를 내저었다. 그래도 올라가야 한다고 떠밀어 끙끙대며 간신히 올라갔다.

　떠밀려 정상으로 올라간 나는 신비로운 풍경에 눈이 휘둥그레졌다. 밑에서 올려다볼 때는 깎아지른 절벽이었으나 정상은 넓은 평지였다. 그리곤 그 평지엔 눈으로 덮여 있었고, 눈 덮인 중심엔 찬란한 빛기둥이 솟아나고 있었다. 빛기둥과 흰 눈은 희다 못해 다이아몬드가 온산을 뒤덮은 것처럼 영롱한 빛을 뿜어냈다.

황홀경에 빠져 햇볕이 얼마나 좋으면 눈이 저렇게 보석처럼 빛날 수 있을까 하고, 하늘을 보았다. 이게 웬일인가. 왕관을 쓴 커다란 학 여러 마리가 너울너울 춤을 추며, 내 머리 위를 빙빙 돌고 있었다. 연한 청자색을 띠고 있었는데 어찌나 색이 고운지 넋이 나가는 듯했다. 상상도 할 수 없는 아름다움에 어머머! 어머머! 감탄사를 연발하다가 잠을 깼다.

사람이 살다 보면 앞으로 나아가야 하는데 사방이 가로막혀 옴짝달싹할 수 없을 때가 있다. 그때 내가 그랬다. 여직원을 대표해서 중요부서에 발탁되었다. 수백 명의 여성 공무원에게 꿈과 희망을 주려면 승진해야 했다. 일도 열심히 해야 하지만, 승진에 도움이 되는 컴퓨터 관련 자격증도 취득해야 하고, 연수도 받아야 하는데 밤이면 시어머님 병간호로 내 몸은 지칠 대로 지쳐 있었다.

그런데 좋은 꿈을 꾸고 나니 거짓말처럼 몸이 가벼워졌고, 마음도 맑아졌다. 그뿐만 아니라 어머니의 건강도 좋아지셨다. 새천년 1월, 생각지도 못한 『혼脈文學』에 수필가로 이름을 올렸고, 공무원문학협회에서 주관한 문학상 공모에 수필이 당선되었다. 컴퓨터 자격증도 취득하고, 우수공무원으로 선정되어 행정자치부

주관 금강산 연수도 다녀왔다. 무엇보다도 다음 해에 꿈에 그리던 사무관으로 승진되었으니 평소 바라던 것을 한 해 동안에 모두 이루었다. 게다가 몇 년 후 서기관까지 승진하며, 깔끔하게 공직생활을 마무리했다. 해서 이번에도 좋은 일이 있지 않을까 잠시 기대했다. 하지만, 공직에서 물러난 데다 욕심은 금물이지 싶어 바로 잊어버렸다.

뜻하지 않게 선물을 받았다. 올해 충북문화재단의 문화예술육성지원 사업으로 세 번째 수필집을 출간하게 되었다. 게다가 청주시 생활개선 한마음 대회에서 생각지도 못한 우수회원으로 선정되어 청주시장 표창을 받았다. 이는 모두 세종대왕을 알현한 현몽 덕분이란 생각이 든다.

박수에서 성스러운 빛이 났다는 세종대왕의 말씀이 지금도 귓전을 맴돈다.

인생 3막

정원 한쪽에 만들어 놓은 꽃밭에 들어서면 사랑스럽지 않은 꽃이 없다. 꽃들과 대화를 나누다 보면 시간 가는 줄을 모른다. 요즈음 백합이 한창이다. 나팔 모양의 유백색 백합과 오리엔탈 백합은 유난히 향기가 진하다. 꽃밭에 들어서면 꽃만 보는 게 아니다. 키 재기를 하는 풀들을 뽑다 보니 문우들과 약속 시각을 잊었다. 뒤늦게 정신을 차렸다. 40분 정도면 충분히 가겠지. 안도의 숨을 쉬며 택시를 기다렸으나 택시는 물론 시내버스도 오지 않았다. 조급한 마음에 늦어진다는 문자메시지를 넣고 버스와 택시를 갈아탔는데도 20여 분 늦었다.

면목이 없어 미안하다며 너스레를 떨며 들어갔다. 열흘 전에 군산 일대로 문학기행을 다녀왔기 때문인가. 문학기행 이야기로 웃음꽃을 피우느라 여념이 없다. 참 아름다운 인연이고 만남이란 생각에 미소가 번졌다.

저녁 메뉴는 보리굴비다. 음식을 기다리는 시간에 하모니카를 가져온 문우가 연주를 했다. 10년이 넘게 만나온 문우들이었으나 이렇게 화기애애한 시간을 가져본 것은 처음이었다. 저녁 식사 끝내고 20여 분 늦은 벌칙으로 2차로 커피를 사겠다고 하니 공모전에 당선한 문우가 책임지겠다고 한다. 모두 카페로 이동하여 시간 가는 줄도 모르고 이야기꽃을 피웠다. 헤어지기 섭섭하나 멀리 진천까지 가야 하는 문우가 있어 아쉬움을 뒤로 하고 일어섰다.

멀리 가는 문우부터 하나둘 배웅하고, 마지막으로 일행의 차를 타려는 순간 핸드폰이 울렸다. 별생각 없이 받는데 '나 죽을 것 같아!' 하는 모깃소리보다도 작은 옆지기의 목소리가 들렸다. 가슴이 철렁 내려앉았다.

그러잖아도 70의 나이에 인생 3막을 시작해 마음이 놓이지 않았다. 그는 인생 1막은 국영기업체에서 근무했다. 명예롭게 정년퇴직하고, 1년 동안 어머니 병시중을 하며 갖은 효도를 다 한 성실한 사람이다. 어머니 하늘나라로 보내드리고 인생 2막을 시작해 10년 동안 서울에 있는 감리회사에 다녔다. 전문 직종인 만큼 더 해도 되나, 70세 되던 지난해 후배들을 위해 용퇴하라고 권했더니 선뜻 받아들여 사표를 내고 왔다.

일 년 동안 농사도 지으며, 꽃도 기르고 정원도 가꾸는 등 하루하루 분주하게 보냈다. 내 딴에는 먼저 퇴직한 내가 터를 잘 잡아서 그도 보람되고 유익하게 보내고 있다고 생각했는데 착각이었나 보다.

올봄, 지난해 수해 입은 주차장 보수와 정원 정리가 어느 정도 끝이 나자, 다시 직장을 갖고 싶다고 한다. 기가 막혀 "나이 많은 사람을 누가 받아 주느냐"고 했더니, 받아주는 데 있으면 가도 되느냐고 되묻는다. 허허실실로 그렇다고 했다. 젊은이처럼 인터넷으로 구인 광고를 찾아보고 이력서를 쓰는 등 동분서주했다. 집안일을 할 때는 어딘가 모르게 서툴러 보였는데 나이에 맞지 않게 패기 찬 모습이 미더웠다.

합격자 발표 날, 부부 동반 모임이나 가자며 미련 없이 동해안으로 향했다. 대관령을 막 넘는데 기다리던 전화가 왔다. 일행이 있어 기쁜 내색도 못 하고, 우물쭈물 전화를 끊는 그의 표정이 밝다 못해 빛이 났다.

첫 출근 하는 날, 상기된 표정으로 집을 나서는 뒷모습이 참으로 당당해 보였다. 그렇게 좋으냐고 하니 씽긋 웃음으로 얼버무린다. 그러면서 지금이야 출퇴근하지만, 안정되면 숙소에 있을 수도 있으니 그리 알란다.

그렇게 희망에 부풀어 인생 3막을 시작했다. 업무 파악은 물론 새로 시작하는 공사 현장인 만큼 사무실도 꾸미야 하고, 각종 민원 처리 등 밤낮으로 뛰어다녀 안쓰럽기는 하나 집에 있을 때보다 생기로워 보이니 다행이다 싶었다.

그런데 갑자기 아파 죽을 것 같다고 연락이 온 것이다. 그는 체구는 다소 왜소한 편이나 결혼한 지 40년이 넘었지만, 감기도 몇 번 앓아본 적이 없을 정도로 건강했다. 그런 사람이 아파 죽을 것 같다고 하니 머릿속이 하얘졌다. 좋은 기분 망칠까 봐 일행들 눈치 못 채게 조심하려 하나 초조함을 감출 수가 없었다.

정신을 가다듬고 아들에게 약을 사서 가보자고 연락했다. "엄마! 보은까지 가는 시간이 얼만데 무조건 가느냐."고 하며, 아빠의 상태를 파악하고 대처하겠단다. 믿음직한 아들 말에 조금 진정되었다.

아들이 보은에 있는 병원과 연계하여 응급조치한다고 하였으나 불안함은 감출 수 없었다. 지난해 그의 절친 두 분이 갑자기 유명을 달리해서인가. 어둠 속을 달려가는데 오만가지 생각이 다 들었다. 운전하는 딸이 놀랄까 보아 내색하지 않았지만, 눈물이 하염없이 쏟아졌다.

밤하늘에 반짝이는 별도 보이지 않고, 입만 바짝바짝 타들어 갔다. 미원을 막 지나는데 야간당직병원에서 응급조치하고 조금 나아졌으니 밤 운전하지 말고 되돌아가라는 전화가 왔다. 그래도 병원으로 달려갔더니 약간 초췌해졌으나 생각보다 괜찮아 보여 안도했다.

　같이 청주로 오면 좋으련만 바쁘다며 숙소로 간단다. 돌아오며 생각하니 별일 없이 지나가는 오늘이 얼마나 감사한지 모른다. 만약, 약을 사 간다고 우왕좌왕 시간을 끌었더라면 어찌 되었을까. 생각만으로도 소름이 돋았다.

　다음 날 한국병원에서 몇 가지 검사한 결과 과도한 업무로 인한 스트레스로 몸에 이상 반응이 일어난 거란다. 며칠 안정을 취해야 한다기에 하루라도 쉬라고 했더니, 안 된다며 되돌아가는 뒷모습이 듬직하면서도 애잔하다.

　꽃에 한눈팔지 말고 열매를 볼 줄 알아야 한다는 말이 있다. 인생 1막과 2막을 크고 화려하지는 않았어도 열매를 잘 맺었다. 인생 3막도 자연의 법칙으로 산과 들에 핀 들꽃처럼 아름다운 열매 맺기를 기도한다.

(『창작산맥』 2018년 겨울호)

사월이와 오월이

무대 배경이 이채롭다. 폐타이어, 버려진 세탁기, 구두, 치약, 티스푼 등 생활 쓰레기로 채워져 있으나 은은한 달빛과 어우러져 환상적이다. 도시 뒷골목의 쓰레기장이라 믿기지 않았다. 신비로운 조명과 조화를 이루는 푸른빛의 판타스틱한 분위기는 탄성을 자아내기에 충분했다. 천정과 벽면까지 이어진 조명과 무대 세트는 객석에 앉은 관객이 젤리클 고양이들의 세계를 훔쳐보는 느낌으로 인도했다.

지난해 청주에서도 뮤지컬「캣츠」탄생 40주년 내한 공연이 있었다. 앤드루 로이드 웨버 작곡, 카메론 매킨토시 제작의「캣츠」는 T.S 엘리엇의 우화집『지혜로운 고양이가 되기 위한 지침서』를 토대로 제작한 뮤지컬이다. 한국 뮤지컬 역사상 최초로 누적 200만 관객을 돌파한 기록을 세울 정도로 많은 사랑을 받은 작품이다.

　아무 소리도 들리지 않는 고요한 밤, 고양이들의 특별한 축제가 열린다. 일 년에 한 번 있는 고양이들의 축제 '젤리클 볼'에서는 매년 한 고양이를 선택하여 천상의 세계로 보내어 새로운 삶을 살게 한다. '젤리클 볼'에 모인 어린 고양이부터 나이 든 고양이까지 각양각색 고양이들은 모두 독특한 인생 경험을 가지고 있다. 새로 태어날 고양이로 선택받기 위해 풀어 놓는 그들의 개성 있는 삶에는 인생의 단면이 녹아 있다. 고양이들의 독특한 삶만큼이나 다양한 곡조로 감상할 수 있었다. 뮤지컬에 문외한이지만, 완전히 동화되었다. 바이러스로 인한 좌석 거리두기로 인해 많은 사람이 볼 수 없음이 안타까웠다.

　나이 들면 사람이나 동물이나 쇠락의 길로 간다. 지난해 사월 달이다. 눈곱은 덕지덕지 털은 부스스하고, 허리는 굽다 못해 동그랗게 말려 있는 고양이가 카페 정원을 맴돌고 다녔다. 동병상련의 정이 느껴졌으나 선뜻 다가가지 못했다. 코로나바이러스로 타격이 심한데, 늙고 병든 고양이를 받아들이기 쉽지 않아서다. 함께 불구덩이로 들어가는 것 같아 관심을 두지 않으려 해도, 뮤지컬 「캣츠」의 늙고 지친 그리자벨라가 떠오르며 눈에 밟혔다. 그리자벨라도 한때는 어떤 젤리클보다도 아름다웠고 매력적이었다.

햇발의 현을 타는 봄의 왈츠를 즐기던 어느 날이다. 꽃 한 송이가 웬만한 꽃다발처럼 탐스러운 서양분꽃나무 향기에 취하며 옆을 보았다. 지금까지 없던 강아지 집, 아니 고양이 집이 보였다. 마음 약한 딸이 병든 고양이를 그냥 지나치지 못했음을 직감했다.

딸의 말랑말랑한 정서가 대견하면서도 한편으론 걱정되었다. 나이 때문인지 몰라도 「캣츠」를 관람할 때와 달리, 고양이는 인간에게 해를 입히는 요물이란 생각이 머릿속을 떠나지 않았다. 고양이가 주인에게 해코지하고 나갔단 소리를 어려서 많이 들었기 때문이다.

첨단 세상을 사는 요즘에도 요통을 달고 사는데, 약이 귀한 시절 시골 노인들은 어떻겠는가. 고생고생하다가 더는 버틸 수 없으면 고양이를 제물로 삼았다. 목숨이 바람 앞의 등불인데 영물인 고양이가 어찌 모르겠는가. 슬그머니 도망가기도 하지만, 자기를 해하려는 주인에게 덤벼드는 고양이도 있었다고 들었다. 하지만, 조선시대 고양이는 행운을 가져다주고, 불운을 막아주는 영물로 취급했으니 좋은 쪽으로 생각하기로 했다.

딸은 영양제까지 사다 먹이며 갖은 정성 다했다. 한 달이 지나자 굽었던 허리도 많이 펴졌다. 주인에게 보답하려는 듯 울타리 주변을 정찰한다. 어느 날 쥐새끼도 잡아다가 딸 차 밑에 놓았다. 깜짝 놀라 알아보니 보은하는 거란다.

한 달 후 젊은 고양이가 또 들어왔다. 그 아이도 비쩍 마르고 비실비실했다. 인근에 민가가 없으니 사냥하지 않으면 먹을 것을 구할 수 없는 곳이다. 딸의 보호를 받은 고양들은 아주 건강해졌다. 한 마리일 때는 야옹이라고 했으나 두 마리가 되고부터는 입양한 달을 기준으로 사월이와 오월이로 불렀다.

걱정했던 것과 달리 고객들의 귀염둥이가 되었다. 처음 보는 사람이라도 예뻐하는 사람에게는 발라당 드러누워 강아지처럼 애교를 떤다. 고양이의 배 부분은 연약하고 약한 부분이라 웬만해선 잘 보여주지 않는단다. 자신의 약점이자 생명과도 직결되는 부분인 배를 보이며 눕는 것은 그만큼 '신뢰'할 수 있다고 판단했기 때문이라고 한다.

사람이나 짐승이나 지 귀염, 지가 받는다. 처음엔 정원 한구석에 집을 두는 것조차 걱정했는데 오는 사람들마다 예뻐하여 출입구로 옮겨 주었다. 어느 날 재택근무에 들어갔던 카페 옆에 있는 회사 아가씨가 고양이를 보더니 무척 반가워했다. 바로 그녀가 늙고 병든 고양이가 불쌍해 캣맘을 하다가 재택근무로 바뀌면서 어쩔 수 없이 돌보지 못했단다. 잃어버렸던 가족을 찾은 듯 기뻐하며, 집에 데려갈 수 없어 마음고생했는데 우리가 돌보아주어 매우 고맙다고 한다. 가끔 간식도 사 오고, 예쁜 집도 사 왔다. 그뿐만이 아니다. 손톱깎이도 가져와 미용까지 해주는 등 애정을 쏟는다.

「캣츠」의 무대를 떠올려본다. 발레, 아크로바틱, 재즈댄스, 탭댄스, 커플 윈드밀 등 다양한 장르의 안무를 활용한 화려한 쇼였다. 호기심 가득한 아이 고양이, 섹시한 반항아 고양이, 화려한 퍼포먼스의 마법사 고양이, 그리운 과거를 떠올리며 향수에 젖는 극장 고양이 거스, 절망의 끝에서도 희망을 노래하는 그리자벨라 등 놀라운 상상력이 빚어낸 환상적인 장면에 숨죽이며 보았다. 인간의 신체 한계를 넘어선 유연하면서도 역동적인 군무부터 고도로 숙련된 배우들의 섬세한 동작까지 고양이의 움직임을 예술적으로 형상화한 다채로운 무대였다.

아름다운 시어도 잊히지 않는다.

내 손을 잡아보면 행복이 뭔지 알 수 있을 거야/ 화려했던 지난 날의 추억에/ 새벽녘 오므라드는 꽃처럼/ 추억도 희미해져 가네/ 새벽이 오면 오늘 밤도 추억이 되겠지/ 난 해가 뜨길 기다려야 해/ 새로운 삶을 생각해야 해

등등 무수히 많았다. 짧은 영어 실력으로 무대 보랴, 자막 보랴 처음엔 정신이 없었으나 그 또한 즐거움이었다.

젤리클 고양이들의 지도자 올드 듀터러노미는 고양이들의 천국, 헤비사이드 레이어로 올라가 그리자벨라를 다시 태어날 고양이로 선택한다. 그리고 그녀를 마법의 타이어에 태워 하늘로 승천시킨다. 이로써 일 년 중 단 하룻밤만의 고양이들의 축제는 막

을 내렸다. 즐거움과 함께 교훈적인 메시지를 주는 「캣츠」를 통해 인간의 희로애락, 죽음에 대한 인식, 과거에 대한 그리움 등 고양이도 인간과 다르지 않음을 느꼈다.

 며칠 전 사월이가 자연사했다. 눈도 나쁘고 사냥도 할 수 없어 금방 이별할 줄 알았던 아이이다. 딸의 보살핌으로 건강을 되찾아 일 년 이상 함께했으니 다행으로 여기면서도 슬픔을 자제하기 힘들었다. 양지바른 곳에 수목장하여 마음에 위안으로 삼았다.

(『중부매일』. 2022. 7. 25)

춤추는 가족

민족 대 명절인 설을 앞두고 동서들에게 코로나19 확산 방지를 위해 오지 말라는 전화를 했다. 지난해까지는 온 가족이 모여 조상의 음덕에 감사드리며, 오순도순 정을 나누었다. 추석에는 각종 전과 송편, 설날에는 만두도 빚으며 가족의 의미를 되새겼다.

응접실에 빙 둘러앉아 녹록지 않은 삶을 잠시 잊고, 도란도란 정담을 나누며 차례 지낼 음식을 만들다 보면, 삶에 찌든 때가 벗겨지는지 맑은 웃음으로 마무리된다. 손자들도 단단히 한몫했다. 핏줄이 당기는지 어쩌다 보는 작은할아버지들과 삼촌들을 잘 따랐다.

어릴 적 많이 본 풍경이다. 서울 구경시켜준다고 귀

를 잡고 들어 올리고, 비행기를 태워준다며 어깨를 잡고 빙빙 돌린다. 손자들은 신이 나서 연신 까르륵댄다. 말을 태워준다며 백발의 노신사가 방바닥에 엎드려 엉금엉금 기어다닌다. 코미디가 따로 없다. 아이들 눈높이에 맞춰 땀을 뻘뻘 흘리며 노니는 모습이 정감 어린 김홍도의 풍속화를 보는 듯했다. 사형제 가족 20여 명이 하하 호호 가족의 화목이 꽃처럼 피어나던 지난날이 그립다.

사형제의 맏며느리가 버거웠지만, 사랑으로 보듬었다. 어머니 살아계실 때는 연휴 시작하는 날 와서 끝나는 날 점심 먹고 헤어졌고, 지난해까지도 1박 2일~2박 3일은 기본이었다. 윷놀이와 노래방, 영화관도 다니며 우애를 다져 이웃의 부러움을 샀다.

긴 연휴에는 여느 잔칫집처럼 음식을 준비했다. 명절 보름 전부터 가족들이 좋아하는 밑반찬을 만들고, 오이소박이와 총각김치, 나박김치를 담근다. 허리가 휘어져도 불경 무재칠시(佛經 無財七施)의 가르침 때문인지 웃음의 공덕 미소가 번졌다.

이번 설날은 형제들이 오지 않으니 제사상 준비만 하면 된다. 몸은 편안한지 몰라도 마음은 허전하다. 일이 손에 잡히지 않아 멍하니 있기 일쑤다. 명절 때는 북적거려야 사람 사는 맛이지 싶다.

심란한 마음에 청주 현대백화점에서 열리는 한국 근대 서양화의 거목 이중섭 미디어아트 특별 기획전을 다녀왔다. 미디어아트 특별 기획전은 2021년 흰 소의 해 신축년을 맞아 이중섭의 대표작 「황소」부터 가족을 주제로 한 원화를 사실감 있게 재현한 작품 전시회이다. 소에 관한 작품이 먼저 떠오르는 작가이지만, 설날이 코앞으로 다가와서인지 가족에 관한 작품이 눈길을 끌었다. 물론「흰 소」,「황소」,「싸우는 소」작품도 있었다.

전시실 입구부터「길 떠나는 가족」이 눈을 사로잡았다. 소달구지에 탄 가족을 작가가 앞에서 끌고, 마음속 보금자리인 따뜻한 남쪽 나라로 가는 그림을 편지지에 그려 일본에 있는 아들에게 보냈다는 그림 편지이다. 그림을 그리고 편지를 쓰며 얼마나 많은 눈물을 흘렸을까. 흘린 눈물이 내를 이루고 강을 이루어 현해탄을 건넜을 듯싶다.

푸른 날개의 수탉과 붉은 날개를 가진 암탉이 화면 위쪽과 아래쪽에서 서로 입맞춤을 시도하는 장면「부부 2」를 보며, 애절함에 내 몸이 오그라드는 듯했다. 전쟁과 가난으로 가족과 헤어진 슬픔이 그대로 전해졌다. 거친 붓놀림과 강렬한 색감은 작가의 표현주의적 성향을 보여주는 작품이라고 하지만, 가족에 대한 그리움이 그만큼 컸기 때문이리라.

구도나 인물표현이 작가가 존경하는 프랑스 화가 앙리 마티스의「춤」과 유사한「춤추는 가족」은 일본에 있는 가족을 흐놀다 깊은 내면의 고독을 화폭에 담았지 싶다. 가족에 대한 그리움을 예술로 승화한 요절한 천재 화가 이중섭, 그의 작품을 보고 있으면 아버지가 떠오른다. 가족이 함께 모여 춤을 추듯 행복하게 살고 싶은 작가의 염원이 느껴지는 「길 떠나는 가족」, 「춤추는 가족」, 「부부 2」를 보면서, 작가와 같은 해에 태어나 작가보다 2년 먼저 세상을 떠나신 아버지에 대한 그리움이 사무쳤다. 주위의 시선도 아랑곳하지 않고, 눈시울을 적셨다. 6·25전쟁 피난 시절의 궁핍, 이별의 아픔과 그리움 등 삶의 고뇌를 진솔하고 생생하게 표현한 작품에서 살얼음 같은 좌절과 비애를 참아내는 원동력은 가족에 대한 사랑이었으리라.

  역경과 시련, 전쟁에도 굴하지 않은 투혼의 예술가가 너무 가난하여 종이조차 살 수 없어 담뱃갑 은박지에 그림을 그리며 끼니를 해결했다는 글을 보고, 감전된 듯 뜨거운 것이 목울대를 타고 올라왔다. 가족이 함께 사는 것을 꿈꾸던 작은 행복이 이루어졌다면 그의 천부적인 재능은 더욱 빛을 발하지 않았을까.

  작가는 말년에 거식증에 정신이상 증세까지 있었다고 한다. 생활고로 가족을 일본으로 떠나보낸 좌절감과 고독감은 그의 정신을 좀먹었지 싶다. 39세의 젊은 나이에 절대 고독과 정신적 황폐 속에서 가족을 그리워하며 쓸쓸히 떠났을 작가는 눈도 제대로 감지 못했을 것 같다. 전쟁과 가난에도 굴하지 않고 그림 그리는 일에 열정과 혼을 다 바친 작가나, 가족을 위해 열과 성을 다한 우리 아버지에게 하늘이 조금만 더 너그러웠다면 하는 부질없는 생각을 해본다.

  기획전을 다녀오고 나니 가족들이 더 소중하게 느껴진다. 명절 때마다 형제들과 조카들까지 20여 명이 어우렁더우렁 정을 쌓으며 우애를 다졌는데, 코로나가 가로막고 있다. 하루속히 사랑이 꽃피고 웃음이 가득했던 일상으로 회복되기를 기대한다.

(『동양일보』 2021. 2. 10)

장을 담그다

　해외여행을 다녀오거나 병원에 며칠 있다가 집에 돌아오면 제일 먼저 된장찌개 끓일 준비부터 한다. 입에 맞지 않는 음식으로 속이 느끼할 때 칼칼한 김치찌개도 좋지만, 오래 숙성된 묵은 된장으로 끓이는 된장찌개가 최고다.

　코로나19 팬데믹 이후 한국 음식이 주목받고 있다는 반가운 소식이다. 우리가 즐겨 먹는 김치와 된장, 간장 등 미생물이 풍부한 발효음식이 주를 이루는 한국의 전통 식단이 치사율을 낮추기 때문이란다. 건강 식단인 줄은 알고 있었으나 면역력을 키우는 최고의 식단이라니 자긍심이 든다.

고추장은 두어 번 담가보았으나 간장은 담가보지 않아 숙제하지 못한 학생처럼 마음이 쓰였다. 어머니 솜씨를 대물림하지 못함을 자책하며 체험할 곳을 찾아다녔다. 마침 성화죽림동생활개선회에서 된장 담그기 체험 행사를 한다고 한다. 기꺼이 동참하기로 했다.

체험 전날 득의만면 소풍 가는 아이처럼 초콜릿도 챙기고, 에이프런도 챙기는 등 수선을 떨었다. 화사하고 눈부신 봄날에 꽃바람이라도 난 줄 알고 질투 어린 시선으로 바라보는 옆지기의 표정이 재미있다. 골려주고 싶었지만, 부정 탈까 싶어 장을 담그러 간다고 이실직고했다. 허방다리 짚은 듯 피식 웃는다.

장은 우리 식탁에서 매우 중요한 재료 중 하나로 우리 조상님들은 장맛이 좋아야 집안이 길(吉)하다고 믿었다. 맛 좋은 장을 담그기 위해 적절한 시기와 물, 날짜의 선택을 중요시했다. 추위가 풀리기 전에 담가야 소금을 적게 넣어도 벌레가 생기지 않고, 삼삼하다고 여겨 정이월 말날이나 손 없는 날을 택했다. 수백 년이 지난 지금도 거의 같은 방법으로 행해지고 있는 것을 보면, 선조들의 지혜는 따를 수 없는가 보다.

코로나19 방역에 협조하느라 임원들 다섯 명이 봉사하기로 했다. 몸은 힘들겠지만, 마음은 뿌듯하다. 퇴직하면서 직함을 하나둘 내려놓던 중 새로 임원을 맡는다는 것이 부담스러워 거절하다가 마지못해 응낙했는데 잘했다는 생각이 든다. 임원이 아니었으면 참석이 어려웠다.

　새벽부터 일어나 어머니가 하시던 것처럼 목욕재계하고 마음가짐을 가지런히 했다. 한곳에 모여 함께 가기로 했는데 달뜬 마음에 약속 시각까지 기다릴 수 없어 서둘렀다. 체험 장소는 돌로돌 장마을이다.

　설레는 마음으로 마을 입구에 도착했다. 우리가 사는 곳과 아주 가까운 곳이다. 야트막한 산자락에 자리한 마을이 평화로워 보인다. 마을 유래비가 반긴다. '주산인 망일산의 품에 안겨 용덕산과 멀리 팔봉산을 바라보는 돌로돌 마을은 약바위 아래서 솟아나는 요왕샘을 발원'으로 하고 있다고 되어 있다. 유래비를 보니 고향에 온 듯 정겹다.

　들뜬 마음에 장을 담글 때는 물맛이 중요한데, 요왕샘을 발원으로 하는 물로 하니 최고의 맛일 거라고 설레발쳤다. 청주 시내는 다 같은 수돗물이라며, 일행들이 배꼽을 잡는다. 계면쩍었다. 평소 나답지 않았다.

　서분서분한 팀장으로부터 마을 유래, 장의 역사와 주의 사항을 듣고, 체험을 시작했다. 실수할까 봐 걱정했는데 초보자도 할 수 있도록 모든 준비를 완벽하게 해놓아 안심되었다. 항아리 소독은 물론 메주도 깨끗이 씻어놓고, 간수 빠진 천일염을 풀어 농도까지 맞춰 놓은 것이다.

　항아리에 메주를 차곡차곡 담았다. 혹시 모를 불순물을 걸러내기 위한 체망을 대고, 소금물을 정성 들여 부었다. 살균과 방부제 효과를 내는 마른 고추, 발효를 도우며 독성을 빨아들이는 숯, 감칠맛을 내는 대추와 옻나무를 넣고, 참깨도 송송 뿌려주었다.

끝으로 메주가 불어도 떠오르지 않게 대나무로 걸쳐주었다. 옻나무 대신 엄나무를 넣기도 한단다. 며칠씩 해야 할 일을 철저한 사전 준비로 생각보다 쉽게 끝났다. 잘 숙성되기를 40일~60일 기다렸다가 간장과 된장으로 가르기만 하면 된다. 장 가르기를 일찍 하면 된장 맛이 좋고, 늦게 하면 간장 맛이 좋아 어디에다 중점을 두느냐에 따라 가르기를 한단다.

간장, 된장, 고추장은 집안 살림의 기본이다. 먹을거리는 많아졌지만, 한국 사람 정서엔 빼놓을 수 없는 장류는 『삼국사기』, 『삼국유사』에도 수록되어 있을 정도로 역사와 전통이 깊다. 조선시대 왕실에서는 장을 보관하는 창고인 장고(醬庫)를 두었고, '장고마마'라 불리는 상궁이 장을 담그고 관리할 정도로 중시했다. 그래서인지 2019년도에 장이라는 음식뿐만 아니라 재료를 준비해 장을 만드는 전반적 과정을 아우르는 '장 담그기'를 국가무형문화재 제137호로 지정했다. 전통 음식문화 중에는 김치 담그기에 이어 두 번째로 국가무형문화재로 등록된 것이다.

우리나라의 고유한 음식문화인 장류를 손수 만들고, 전통의 맛을 이어 간다는 것은 매우 소중한 일이다. 그러나 핵가족시대에 집에서 장을 담그기는 쉽지 않다. 더욱이 아파트는 장을 담그기에 좋은 조건이 아니다. 자연을 머금은 장류와 냉장고에서 익은 장류는 맛조차 다르다. 그래서 장을 직접 담가보고 싶어도 메주 등의 재료 준비도 어렵고, 맛이 좋다는 보장도 없어 머뭇거리게 된다. 이번 뜻깊은 체험 행사는 여러 가지로 의미가 깊다. 장을 담그고 나니, 밀린 숙제를 끝낸 듯 홀가분하다. 불현듯 어머니에 대한 그리움이 밀려온다.

(『동양일보』 2021. 7. 5)

어머님의 선물

　사람마다 행복을 느끼는 관점과 시점이 다르므로 행복에 대한 정답은 있을 수 없다. 하지만, 행복한 표정은 남에게 좋은 느낌뿐만 아니라 자기 건강을 유지하는 데도 중요하다. 항상 행복한 표정과 여유 있는 마음가짐으로 살아가려고 노력하지만, 의지의 결핍으로 무너질 때가 있다.
　지금은 고인이 되셨지만, 어머님은 8년 동안 병석에 계셨다. 체구는 작아도 똑똑하고 야무져서 여장부로 불리었다. 도시 소녀가 두메산골로 시집와서 고생만 하다가 살만하니, 병환이 나신 것이 안타까워 많이 울었다. 사람의 마음은 간사하다. 해가 갈수록 집안일과 시간에

쪼들리는 나 자신이 힘이 들어 눈물을 흘렸다.

　어머님은 위 천공에 골반까지 다쳐 옴짝달싹 못 하셨다. 의사 선생님은 어머님 연세가 있는 데다 골다공증이 심해 회복되기 어려우니, 장례 절차를 밟아야 할 것 같다고 하셨다. 친정엄마처럼 믿고 의지했었는데 하늘이 내려앉는 것 같았다. 병원 약과 한약을 번갈아 쓰며 갖은 정성 다했다. 우리 내외의 정성이 하늘에 닿았는지 3개월 넘기기 힘들다고 했는데 8년을 더 사셨다.

　우리 내외의 노력도 노력이지만, 어머님의 의지가 강했다. 앉은뱅이처럼 기어서 저승 문을 들어갈 수 없다고 어찌나 재활 운동을 열심히 하시는지 보기가 애처로웠다. 수년 동안 한방과 양방 병행치료는 젊은 사람들도 견디기 힘들다. 주저앉고 싶었을 텐데도 잘 참아 내셨다.

　그때만 해도 학교에 도시락을 싸서 다녔다. 그것도 고등학생은 하나가 아니라 두 개에 간식까지 준비해야 했다. 새벽 6시에 일어나 아이들 도시락 준비해 학교 보내고, 병원에 들러 옆지기와 교대했다가 간병인이 오면 출근했다. 온종일 근무하다가 저녁은 대충 때우고, 병원으로 가서 간병인과 교대한다. 그때부터 어머님의 말동무를 한다. 매일 저녁 같은 말씀이지만, 들을수록 고생하셨다는 생각에 측은지심이 들어 훌쩍일 때가 많았다.

　십여 개월 병원에 계셔도 차도가 없으니 퇴원하겠다고 보채셨다. 형제들이나 의사 선생님도 집에서 편안히 계시다가 가시게 하는 것이 좋을 것 같다고 하여 집으로 모셔 왔다. 집에서도 병원 약과 한약을 교대로 쓰며, 적외선 치료기까지 갖춰놓고 온갖 정성 다했다.

세월이 약이라더니 2년이 넘자 보행 보조기에 의지해 화장실 출입을 할 수 있게 되었다. 병원에서도 가망 없다고 했는데 자식의 도리를 다한 것 같아 말로 표현할 수 없을 정도로 기뻤다. '조금만 더 고생하면 일어서실 수 있겠구나!' 하는 마음에 더욱 노력했다. 하지만, 연세가 있어서인지 더는 좋아지지는 않았다.

5년이 지나면서 힘에 부쳐 내가 병이 나기 시작했다. 허리를 포함하여 아프지 않은 곳이 없었다. 낮에는 간병인이 있지만, 저녁에는 거의 내가 돌보느라 힘이 들어 두통약과 위장약을 달고 살 정도로 몸이 쇠약해졌다. 웃는 모습이 예쁘다는 소리를 많이 들었는데 나도 모르게 웃음이 사라졌다.

소망의 집이나 에덴원 등 사회복지 시설을 가끔 방문했다. 원생들은 온전하지 않은 몸으로 서로 도와가며, 정상인들보다 훨씬 해맑은 미소로 행복한 삶을 영위해 가고 있다. 행복한 표정의 그들을 보면서 어머니 병간호 몇 년 했다고 힘들어하는 나 자신이 부끄러웠다. 해맑지는 못하더라도 찌푸리지 않겠다고 다짐했다.

그러나, 마음과 달리 용변을 받아낼 때는 나도 모르게 인상이 찌푸려졌다. 역한 냄새를 향내로 느끼게 해달라고 마음속으로 빌어 보지만 생각만큼 되지 않았다. 마음을 다잡고 「컬트트리플의 얼굴 찌푸리지 말라」라는 시를 중얼거려도 어느새 찡그려졌다. 옆에서 보던 딸아이가 "엄마! 그렇게 찌푸리다가는 진짜 찡그린 얼굴 된다." 하고 놀리면, 깜짝 놀라서 "아니, 안 찡그려" 하고는 계면쩍게 웃는다. 대학생이 된 딸은 생글생글 웃으며, 할머니 목욕시키고 용변도 잘 받아 낸다. 며느리인 나는 마음뿐인가 싶어 자성할 때가 많았다.

용모도 아름다운 데다 솜씨, 맵시, 지혜까지 겸비한 어머님은 자타가 인정하는 현모양처였다. 그런 분이 아들, 며느리, 손자, 손녀에게 보여주고 싶지 않은 모습을 보여주니 그 심정 어떻겠나 싶어 정성을 다하지만, 부족함을 느낀다.

말년에 치매까지 있어 고생하시던 어머님은 90세 되던 해 따뜻한 봄날 소천 하셨다. 고운 분홍색 실크 한복 입고, 평온한 모습으로 아들과 손자 그리고 이웃에 사는 장조카 며느리가 지켜보는 가운데 내 품에 안겨서 0시 13분에 하늘나라로 가셨다. 평소 맏며느리 사랑이 지극하시더니 가시면서도 분에 넘치는 선물을 주시고는.

어머님 삼우제 날 향교에서 효자 · 효부상 시상식이 있다며 참석하란다. 영문을 몰라 어리둥절했다. 그제야 이웃 주민의 추천으로 우리 내외가 청주시의 효자 · 효부로 선정된 것을 알았다. 천수를 다하셨다고는 하나 상 받을 일이 아닌 것 같아 사양했다. 더욱이 삼우제 날이라며, 불참 의사를 밝혔다. 이미 결정되어 시상식만 남았다며 시상식을 오후로 미룰 테니 꼭 참석하란다. 어쩔 수 없이 삼우제를 마치고 참석했다. 상패를 받는 순간 어머님의 부드러운 손길, 따뜻한 체온이 느껴져 눈물이 앞을 가렸다. 애이불비하던 옆지기도 뜨거운 눈물을 쏟아내 시상식에 참석한 사람들의 눈시울을 적셨다.

수필집 『난을 기르며』와 『행복 부스터』도 어머님의 선물이지 싶다. 문학에 대한 막연한 꿈은 있었으나 공직생활과 집안일을 병행하느라 까맣게 잊고 있었다. 사랑과 정성으로 보듬어주시던 어머님이 오랫동안 편찮으실 때, 내 마음을 다스리고자 글을 쓰기 시작해 등단까지 했다. 게다가 수필집을 두 권이나 발간하게 되었으니 오롯이 어머님의 선물이다. "늘 네가 최고다."라고 하시던 어머님이 살아계셨으면 얼마나 좋아하셨을까. 자애로웠던 어머님 모습 떠올리며 그리움에 젖는다.

(『수필문학』 2018. 1·2월호)

맏이

 유년 시절 맏이는 백마 탄 왕자인 줄 알았다. 큰댁의 큰오빠는 장손이지만, 육군 장교여서 임지를 따라 서울, 대전, 부산 등 고향을 벗어나 살았다. 오빠는 힘들었는지 모르나 시골 사람들에게는 부러움의 대상이었다.
 큰오빠가 고향에 오는 날은 동네 잔칫집보다 더 왁자지껄했다. 친척들은 특별 음식을 장만해 큰댁으로 가져가기도 했다. 일 년에 한두 번이지만, 오빠가 오는 날은 석유가 아까워 등잔불도 제대로 켜지 못하다가도 호야등까지 등장했다. 축제 같은 분위기가 너무 좋았다.

당숙 어른 회갑 때이다. 시골에서 평생 부모님 모시며 봉제사 받든 둘째 오빠는 집사이고, 큰오빠는 귀한 손님이었다. 친구들이 장손, 장손 구호를 외치면서 헹가래를 치면 마을 사람들은 손뼉을 치며 환호했다. 시골에서 떠꺼머리총각만 보다가 제복 입은 장교들의 귀공자 같은 모습은 시골 처녀들의 마음을 사로잡았다. 어린 나이에 장손이 동화 속의 왕자인 줄 알고 장손에게 시집갔으면 했다.
　장손은 아니지만, 칠 남매의 맏며느리가 되었다. 신행 첫 밤을 지내고 아침 문안 인사에 빚을 물려받았다. 게다가 내가 직장 생활하는 동안 당신 아들 월급은 동생들 공부시키고 결혼시켜야 하니 직접 관리하겠단다. 설마 했는데 월급날이면 하루도 거르지 않고 오셔서 봉투째 가져가셨다. 생활비를 받기는커녕 그 사람 교통비와 용돈까지 책임져야 했다. 그뿐이 아니었다. 큰일이 있을 때마다 경비의 대부분을 부담해야 했다. 맏이에 대한 환상이 깨지고, 가난한 집 맏이는 멍에이지 싶으면서도 어려운 형편에 대학 보내 준 것이 고마워 효를 다하고자 했다. 셋째 시동생 결혼하면서 살림을 물려주셨다.
　혹한 속에서 꽃을 피우려면 꽃대가 따스해져야 꽃눈이 나온다. 맏이는 부모 맞잡이라 생각했기에 형제들의 따뜻한 둥지가 되고자 노력했다. 남편의 대학 등록금 때문에 진 빚 갚아가며, 동생들 결혼시키느라 허리 한번 펼 날이 없었으나 긍지와 자부심으로 가득했다. 내가 힘든 만큼 집안 어른들과 이웃들의 칭찬이 이어졌고, 어머님의 주름살도 펴졌다. 몸이 투덜대도 가쁜 들숨으로 집안을 일으켜 세우려는 책임을 마셨고, 날숨으로 사랑을 내뿜었다. 어머니의 사랑과 우리 내외의 정성이 더해져 형제들은 모두 행복한 가정을 이루었다.

우애가 재산이라고 생각했다. 오순도순 사는 것이 고마워 어머니의 오랜 투병 생활도 혼자 감당했다. 먹을 것이 흔한 세상이지만 정을 나누고자 했다. 명절 때마다 하나라도 더 해먹이고 싸주지 못해 안달했다. 어머니의 부재에도 1박 2일은 기본이었다. 음식 장만하는 게 쉽지는 않았지만, 집안 화목을 위해 노력했다.

해가 거듭될수록 몸과 마음이 따로 논다. 오랫동안 팔꿈치 치료를 받았는데도 물건만 들면 몽니를 부린다. 며칠 전에도 주전자 가득 물을 끓여 보온병으로 옮기다가 놓치고 말았다. 펄펄 끓는 물은 제 세상을 만난 듯 허벅지와 종아리로 춤을 추고 다녔다.

다행히 2주 후 양쪽 다리에 칭칭 감았던 붕대를 풀게 되었다. 내 딴에는 기뻐 가족 카톡방에 올렸다. 아들, 딸, 며늘아기는 고생했다며 상처가 아물 때까지 조심하라고 댓글을 다는데 옆지기는 일언반구도 없다.

말 한마디로 천 냥 빚을 갚는다는데 고생했다는 말 한마디 하면 좋으련만 꿀 먹은 벙어리이다. 손자들 저녁 먹여 제집으로 보내고 둘이 있는데도 유구무언이다. 눈치를 보다가 나한테 할 말 없느냐고 물었다. 기대했던 답과 달리 '무슨 말?' 한다.

이 집에서 나는 무엇이냐고 물으니 무슨 뚱딴지같은 소리냐는 표정이다. 할머님과 어머님 혼자 병간호하다가 허리 다친 것부터 맏이의 고단함을 털어놓았다. 그러면서 45년 동안 봉제사 받들며 형제간의 우애를 지키려고 노력하는 아내를 위해 꽃다발은 바치지 못해도 입 서비스도 못하냐고, 서운함을 토로했다. 묵묵부답이더니 겨우 한다는 말이 "맏이에게 시집왔으면 당연한 것 아냐?" 한다.

물론 당연한 것으로 알고 살아왔다. 하지만, 내 몸이 아플 때이니 "고생했어" 한마디 하면 좋았을 텐데. 서운함에 눈시울이 붉어졌다. 할머니와 어머니가 오랫동안 병석에 계실 때도 수수방관, 오불관언하더니. 누름돌로 나 자신을 누르며 사랑으로 보듬은 결과는 '고맙다'가 아니라 '당연한 것'이라는 말이 명치끝을 조였다.

아무리 맏며느리라도 1~2년도 아니고, 10년 동안 혼자 병간호했으면 다른 사람은 몰라도 옆지기는 알아줄 줄 알았다. 어머니를 진심으로 존경하고 사랑했다고 하지만, 요양병원이 없을 때 혼자 병간호는 쉽지 않았다. 게다가 병간호하다가 척추를 다쳤고, 후유증으로 대퇴부 골절까지 되었다. 그 후 걸음걸이가 완전치 못하니 소소하게 다치는 일도 비일비재했다. 그래도 지금껏 봉제사 받들며 형제간 우애를 지켜왔으면 빈말이라도 고맙다는 말 정도는 해야 하지 않을까. 칭찬에 인색한 전형적인 한국 남자이지만, 여들없다.

  맏며느리는 사소한 것에 연연하면 안 된다는 것을 잘 안다. 하지만, 평생 자기 뒷바라지 한 아내에게 '수고했어'가 아니라 '당연하다'는 말은 너무하다는 생각이 들었다. 구화지문(口禍之門), 화는 입으로부터 생기므로 부부지간이라도 말을 삼가야 하는데 옥생각에 나도 모르게 불평불만을 쏟아냈다. 효부상 상패가 눈을 동그랗게 뜨고 쳐다본다. 지하에 계신 어머니도 보고 계시는 것 같다.

  '혀는 몸을 베는 칼'이라는 설참신도(舌斬身刀)가 떠올랐다. 미워하고 싸워봐야 상처 난 흔적만 훈장처럼 남을 것이다. '참을 인' 자를 되새기며 마음을 다스린다. 가슴이 미어져도 부모 맞잡이란 생각에 형제들과 나눠 먹을 녹두죽을 쑤고, 동치미를 담근다. 옆지기의 구겨졌던 얼굴이 환해진다. 냉기가 감돌던 집안에 다시 평화가 깃든다.

(『동양일보』 2022. 7. 18)

2

열나흘 달빛

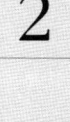

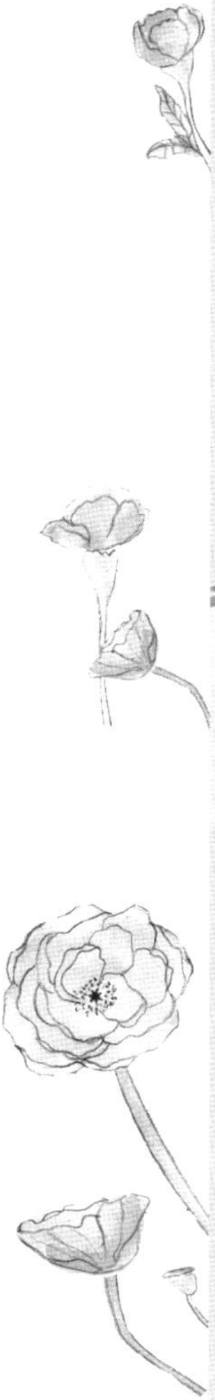

풍선아트

 더 늦기 전에 봉사활동을 시작해야지 하는 마음이 깊숙이 자리하고 있었다. 몸이 틈을 주지 않아도 농촌봉사활동, 독거노인을 위한 손뜨개 봉사, 사회복지시설도 다녀 보았으나 녹록지 않았다. 한번 다녀오면 허리디스크가 심해져 며칠씩 병원에 다녀야 하니 주위에서 자기 몸이나 잘 관리하라는 충고를 듣는다.
 '악기 하나 배웠더라면 재능기부라도 했을 텐데' 하는 아쉬움이 컸다.
 뜻이 있으면 길이 있다더니, 공무원연금관리공단 대전지부에서 자원봉사를 목적으로 한 풍선아트 교육을 청주에서 한단다. 어릴 적 풍선에 대한 아름다운 추억이 떠올라 반갑고 기뻤다. 설레는 마음으로 강의실에 들어서다 눈이 휘둥그레졌다. 풍선아트라고 해서 여자 수강생들이 많으리라 생각했다. 그런데 강사 선생님은 물론 수강생 절반이 남자였다.

첫날 강아지, 기린 등 동물을 만들었다. 손은 어줍어도 말랑말랑하고, 부드러운 촉감이 좋아 금세 동심의 세계로 빠져들었다. 가끔 풍선 터지는 소리에 깜짝 놀라기도 했지만, 몰입하다 보니 잡념이 사라지고, 시간이 어찌나 잘 가는지 더위조차 느낄 수 없었다. 주위를 돌아보니 투박한 손으로 따라들 하느라 절절매면서도 불그레하게 상기된 얼굴엔 미소 가득 머금고 있다.

풍선아트는 풍선을 이용 작품을 만들어 예술로 승화시키는 것이다. 초보자인 우리는 강아지, 곰, 달팽이, 꽃, 모자를 만들고 있지만, 숙달되면 자동차, 비행기까지 무엇이든 다 만들 수 있단다. 각종 행사 시 분위기에 맞게 다양한 색상, 장식, 디자인을 첨가하여 행사 효과를 극대화할 수 있고, 생활 속에 접목하면 도움이 되는 풍선 활용법도 무궁무진하단다. 또한 좌우 뇌를 모두 활용하므로 창조성 증진과 두뇌 발달, 치매 예방에 도움이 된다고 한다.

배우면 배울수록 재미있어 수업 시간을 놀이시간처럼 즐겼다. 열의가 높은 분은 집에 가서 복습뿐 아니라 창작까지 하여 멋진 작품을 만들어 밴드에 올리기도 했다. 사진에 조예가 깊은 분은 수업 모습을 카메라에 담아, 예쁘게 편집해 밴드에 올려 또 다른 기쁨을 주었다.

　40여 년 공직생활 하는 동안 셀 수 없이 많은 교육을 받았고, 많은 사람 앞에서 강의도 해보았으나 풍선아트 교육처럼 수강생과 강사가 호흡이 잘 맞고, 열심히 하는 경우는 처음이었다. 모범생이란 소리를 들었던 나 역시, 풍선아트 교육만큼 온 힘을 다 했던 적이 없는 것 같아 피식 웃음이 나왔다.

　알록달록 풍선도 예술이지만, 배우고 나누고자 하는 열의 또한 예술품이라 해도 과언이 아니다. 교장 선생님부터 고위공무원까지 환갑을 넘긴 전직 공무원들이라고는 믿기지 않을 만치, 초등학생처럼 순수하고 따뜻한 마음이 꽃처럼 피어났다.

　무더위 속에서 나이도 잊고 동심의 세계로 빠져들다 보니, 어느새 10주 교육이 끝났다. 수료식 날, 수강생 전원이 동참하는 풍선아트 상록자원봉사단을 발족하여 관계자들을 놀라게 했다. 봉사단 발족을 축하하는 맛있는 떡까지 해온 수강생이 있어, 화기애애한 분위기는 더욱 고조되었다. 강사의 탁월한 능력과 배우려는 의지가 강한 수강생, 회장과 총무의 리더십, 강좌를 개설해 준 연금관리공단 대전지부, 장소를 제공해준 청주시자원봉사센터가 만들어 낸 좋은 본보기이지 싶다.

　며칠 후 인근 요양원으로 자원봉사를 나갔다. 한반도가 펄펄 끓는 최악의 폭염에 더위도 더위지만, 휴가철이라 각자 계획이 있을 텐데도 대부분 참석하는 열정을 보였다.

설레는 마음으로 어르신들을 마주하였으나 반응은 시큰둥했다. 느긋한 마음으로 색색의 풍선으로 만든 예쁜 꽃을 한 송이씩 드리니 무표정하던 얼굴에 미소가 감돌았다. 강사의 마술쇼가 펼쳐지자 경계하던 어르신들의 눈빛이 부드러워지며 함박웃음 짓는다. 마술쇼가 끝나자 신명 많은 할머니가 고운 목소리로 노래를 부른다. 우리도 같이 따라 부르며 분위기를 돋우니 다른 어르신들도 손뼉을 치며 즐거워하셨다. 몸은 늙고 병들었어도 여럿이 함께 계시니 외롭지 않아 보여 다행이었다.

풍선으로 꽃 만들기 체험할 때는 눈에 생기가 돌며, 입꼬리가 살짝 올라갔다. 터질까 봐 조심조심 따라 하는 어르신들 모습이 천진난만하다. '사랑이 있는 고생은 행복하다.'고 하더니 삼복염천에 번갯불에 콩 구워 먹듯 나선 봉사활동이었지만, 보람과 긍지의 시간이었다.

모두 하나 되어 웃는 모습을 보니 불교에서 말하는 나에게 도움 되는 일이 다른 사람에게도 도움이 된다는 자리이타(自利利他)란 말이 떠오른다. 진정한 도움, 진정한 사랑을 실현하는 풍선아트 봉사야말로 '자리이타'이지 싶다.

처음엔 데면데면하던 어르신들이 헤어질 때는 손을 꼭 잡으며 고맙다고 인사를 한다. 진심 어린 눈빛으로 손을 흔들며 다시 만나자는 어르신도 계셨다. 일찍 부모님을 여의어 그런지 어르신들이 다 내 어머니 같고, 내 아버지 같아 눈시울이 촉촉해졌다.

작은 나눔으로 보람과 행복을 담뿍 담아왔다. 풍선아트가 재미와 의미뿐만 아니라 배우는 행복, 나누는 즐거움을 주었다. 행복은 멀리 있는 파랑새가 아니라 바로 내 마음 안에 있지 싶다. 내가 만족하고 행복을 느끼면 그것이 바로 무지갯빛 행복일 테니.

(『청주예술』. 2018. 제20호)

고향을 그리다

　추석이 코앞으로 다가온다. 파란 하늘엔 세월 너머 가버린 그리운 친구들 얼굴이 아른거린다. 뛰놀던 뒷동산엔 자욱자욱 그리움 밟히고, 애틋한 추억들이 묻어난다. 향수병에 걸린 듯 고향에 대한 애정이 깊어진다.

　봄소식을 알리는 개나리, 복사꽃, 맑고 고운 햇살, 밤하늘에 빛나는 별, 한여름 밤에 소리 없이 일렁이던 반딧불이가 보석처럼 반짝였다. 멍석 위에 빨간 고추, 담장 위엔 탐스러운 호박이 매달려 있던 기억도 선명하다. 해 질 녘 굴뚝으로 연기가 모락모락 피어오르고, 지붕 위엔 하얀 박꽃이 피어나던 고향 집, 꿈에도 잊을 수 없다. 고향은 따뜻한 그리움이다.

고향이 그립다 보니 세월의 무게가 더해갈수록 시골 냄새가 나는 것이 좋다. 아파트보다는 단독주택이, 난(蘭)보다는 투박한 질그릇에 담긴 야생화가 정겹다. 애장품도 복사꽃이 소담스럽게 피어 있는 유화와 고향 집을 떠올리며 장독대, 우물 등 어머니가 아끼시던 물건들을 하나하나 만들어 붙인 지점토 항아리이다.

내 고향은 지금도 시내버스가 들어가지 않는 오지마을이다. 산이 없어 진달래꽃 보기도 힘들었다. 가난에 젖어 끼니 때우는 것도 어려웠다. 부모들은 입 하나 줄인다고, 초등학교만 졸업하면 가사도우미나 도시의 공장으로 아이들을 내몰았을 정도다.

입에 풀칠하기도 곤란한데 아들도 아닌 내가 중학교 진학은 꿈도 꿀 수 없었다. 마른나무에 꽃이 필까 하면서도 복숭아꽃밭에만 가면 꿈과 희망이 차올랐다. 알 수 없는 섭리가 작용하는 것처럼.

꽤 큰 동네인데도 과일나무가 별로 없었다. 큰댁의 감나무와 앵두나무, 김가네 감나무 그리고 우리 집 배나무와 복숭아나무가 전부였다. 터앝머리에 과수원 하는 외가댁에서 가져다 심은 복숭아나무 몇 그루와 울안에 있는 배나무는 내 자존심이자 자부심이었다. 배는 매우 달고 맛있었는데 복숭아는 별맛 없었던 것으로 기억된다. 아마 외가댁에서 갔다 심은 것은 고목이 되어 고사하고, 그 씨가 떨어져 난 개복숭아 나무였는지 모른다. 그래도 먹을 것이 귀한 시골에선 훌륭한 간식이었다.

봄이면 눈이 부시도록 화사하게 피는 분홍색 복사꽃은, 환상적이고 아름다워 동네 아이들의 놀이터가 되었다. 주인공이 되는 복숭아꽃밭은 시나브로 어린 소녀의 희망으로 자리매김했다.

'지성이면 감천이다.'라고 했다. 중학교만 갈 수 있게 해달라는 간절한 기도는 청주로 고등학교까지 입학하게 되었다. 입학식 날 기쁨에 들떠 세상을 다 가진 듯 행복해했던 기억은 지금도 잊을 수 없다. 졸업 후 공무원이 되어 정년까지 하였으니 복숭아밭 옆에 말없이 누워계시는 아버지의 보살핌이 있지 않았나 싶다.

아버지에 대한 그리움이 사무쳐서인가. 아들 태몽도 복숭아였고, 무서우리만치 심한 입덧도 복숭아 앞에서는 주춤거렸다. 입덧이 어찌나 심한지 커피를 제외하고는 열 달 내내 거의 음식을 먹지 못했다. 아이 둘 낳는데 고막이 두 번 다 터지고, 빈혈로 쓰러지기까지 했다. 그래도 복숭아는 입맛에 맞아 복숭아 철인 여름은 태교에 열중할 수 있었으니 내겐 신의 과일이지 싶다.

여름철 대표 과일인 복숭아! 발그스레한 빛깔의 크고 좋은 복숭아만 보면 아버지 얼굴이 떠오른다. 내가 세 돌도 안 되어 하늘나라에 가셨으니 실물은 기억 못하고 사진 속 얼굴이다.

어린 시절 추억이 아지랑이처럼 피어오른다. 복숭아꽃밭에서 꿈과 희망을 키우던 모습, 친구들과 숨바꼭질하며 익지도 않은 풋복숭아로 허기진 배를 채우던 기억이 새롭다. 여름방학에 과수원 하는 외가댁에 가서 자연이 만든 달콤한 맛과 향의 복숭아

한입 베어 물며 행복해했던 기억들이 파노라마처럼 펼쳐진다.

수구초심 때문일까. 중학교 입학하면서 떠나온 고향인데도 꿈을 꾸면 배경이 고향 집이다. 옆지기나 직장동료는 그대로인데 무대 배경은 고향 집이라니 참으로 아이러니하다. 오순도순 소꿉장난하면서 재미있게 놀고 있는 어린 나를 보며, 미소 지을 때도 있다. 미래를 꿈꾸게 한 복숭아꽃밭에서 가난하지만, 순박하고 심성 고운 친구들과 노니는 꿈을 꾸는 날은 첫사랑을 만난 듯 설렌다.

세월이 흐를수록 유년 시절의 그리움이 묻어난다. 이한우 화백이 고향 통영을 그리워하며 화폭에 담은 이유를 알겠다. 나도 재능이 있었으면 캔버스를 채웠을 텐데 소질이 없어 고향을 느낄 수 있는 그림을 찾으러 인사동을 들락날락했다. 대여섯 번 만에 화가가 내 속을 들여다보고 그린 듯한 작품을 만났다. 꿈에 그리던 아버지를 만난 것처럼 기뻤다. 사람의 마음은 갈대와 같아서 부는 바람에 따라 흔들리게 마련이지만, 복사꽃 그림만은 영원히 내 마음을 사로잡을 것 같다.

예술적 가치는 차치하고 흐드러지게 핀 복사꽃, 여울진 시냇물, 멀리 산과 마을이 보여 평화로움을 준다. 아침저녁 복사꽃 그림을 보는 것만으로 힘이 솟는다. 마음도 편안하고 미소가 번진다. 삶이 힘들거나 어떤 중요한 결정을 내릴 때는 그림 앞에 선다. 아버지와 대화를 나누듯 충분한 사유의 시간을 갖은 다음 마음을 굳힌다. 지나고 보면 탁월한 선택이었지 싶다.

산자수명한 경관도 하나 없고, 마을을 대표할 만한 거목 하나 없는 야트막한 동산과 들판뿐인 내 고향은 다소 허허롭다. 그래도 정겨운 사람 냄새가 나는 곳으로 순후한 사람들이 옹기종기 모여 산다. 곡창지대로 황금빛으로 물들어가는 가을 들녘은 한 폭의 수채화처럼 아름다웠다. 그래도 내가 그리는 고향은 아버지의 정이 목말라서인지 지금은 흔적도 없는 아버지가 심은 몇 그루 안 되는 복숭아밭이 그려진다.

(『중부매일』 2019. 9. 6)

열나흘 달빛

　졸업과 입학 시즌이면 잊으려 해도 잊히지 않는 아릿한 추억이 떠오른다. 지금이야 고등학교도 무상교육이지만, 60년대 시골에서는 어렵게 명문고에 합격하고도 입학금을 내지 못해 포기하는 경우가 많았다. 배움의 중요성을 모르는 무지와 가난 때문이다. 하여 유학(遊學)해야 하는 대도시 상급 학교 진학은 가족들의 희생에 이웃의 눈치까지 보아야 했다.
　고등학교 입학금 마감 전날이다. 꿈과 희망은 도망가고 두려움과 절망은 키득거리며 다가왔다. 입안이 바짝바짝 타들어 갔다. 중학교도 감지덕지했기에 입도 벙긋 못하고 가족들 눈치만 보았다. 밤새도록 뒤척이다가 희붐한 새벽 집을 나왔다. 아버지 묘소에 가고 싶어도 버스비가 모자랐다. 냇가 제방에 앉아 하늘에 계신 아버지에게 간절히 기도하는 것 외에는 다른 방도가 없었다. 눈물은 하염없이 볼을 타고 내려왔다.

입학금이 해결되기 전에 밥은커녕 물도 넘길 수가 없었다. 며칠을 굶어 어지럽고 두통이 심했다. 쌀쌀한 날씨에 속까지 비어 몸이 떨리기 시작했다. 입김으로 손을 녹여가며 제방 길을 서성였다. 세상이 끝난 듯 슬픔에 잠겨 있는 나와는 달리 태양은 힘차게 솟아올랐다.

사람들 눈을 피해 진천교 밑으로 갔다. 60년대만 해도 다리 밑은 걸인들의 본거지였다. 영역을 침범당한 걸인들의 따가운 눈초리에 백곡저수지 쪽으로 발길을 돌렸다. 추위를 이기고자 발걸음을 빨리했다. 어느새 댐 수문 앞에 도착했다. 너무 멀리 왔다는 생각에 되돌아오다가 같은 반 친구를 만났다. 눈물이 나서 친구 얼굴을 똑바로 바라볼 수가 없었다. 내 사정을 잘 아는 친구는 초췌한 내 모습을 보고 말없이 손을 잡아끌더니 자기 집으로 데리고 갔다. 밥상까지 차려 내왔으나 먹을 수 없었다. 그래도 따끈한 숭늉으로 몸을 녹이고 나오니 추위는 한결 덜했다.

어찌해야 할지 막막했다. 잠시 망설이다가 극장으로 향했다. 마침 학생들이 입장할 수 있는 영화가 상영되고 있어 주머니를 탈탈 털어 극장표를 샀다. 제목은 보지도 않고 구석에 앉았다.

애절한 흐느낌이 극장 안을 가득 메웠다.

　마지막 상영이 끝났다. 입학금을 내지 못해 미안해할 엄마와 오빠들 얼굴이 떠올랐다. 죄인이 아닌 죄인이 되었으니 집에 들어갈 수도 없었다. 퉁퉁 부은 눈을 누가 볼세라 고개를 숙이고 다시 제방으로 향했다. 지금껏 살아오면서 흘린 눈물의 반을 넘게 쏟아 놓았어도 더 나올 눈물이 있는지 그치질 않았다. 쌀쌀한 날씨에 눈물은 흉기로 변해 살 속을 파고들었다. 바들바들 떨면서 멍하니 하늘을 보니 열나흘 달빛이 교교히 흐른다.

　열나흘 달빛을 희망의 빛이라 생각했었다. 마음을 가다듬고 하늘에 계신 아버지에게 한 번만 도와주시면 희망을 만드는 사람이 되겠다고 간절히 기도했다. 응답을 하는 것일까. 달님은 눈물로 얼룩진 얼굴을 닦아주고, 별님은 아픈 마음을 다독여주는 듯했다.

　새벽 1시, 흘부들한 모습으로 대문에 들어섰다. 엄마와 오빠들이 나쁜 마음을 먹었을까 걱정했다며 반색한다. 입학금도 냈으니 걱정하지 말란다. 꿈이 아닐까 싶어 허벅지를 꼬집어보았다. 수첩에 고이 간직하고 있던 아버지 사진에 입맞춤하며 기쁨의 눈물을 흘렸다. 그날 이후 어떤 어려움이 닥쳐도 감내할 수 있었다. 삶이 있는 한 희망은 있다는 믿음으로.

　졸업 후 공무원이 되었고 공직생활을 아름답게 마무리했다. 인생을 살아가면서 꽃길만 걸으면 좋으련만 누구나 고비는 있게 마련인가 보다. 퇴직하던 그해 봄, 생각지도 못한 대퇴 골절상을 입었다. 목발을 짚으며 일 년 동안 치료하였으나 호전되지 않았다. 겁이 덜컥 났다. 이러다가 영영 걷지 못하면 어쩌나 하는 생각에 잠을 이룰 수가 없었다. 마음을 다스리기 위해 집어 든 책이 열등감을 희망으로 바꾼 『오바마 이야기』였다.

미국을 넘어 세계인들에게 '희망을 상징하는 리더'로 떠오른 버락 오바마, 그는 아프리카 케냐 출신의 흑인 아버지와 미국 캔자스 출신의 백인 어머니 사이에서 태어났다. 하와이와 인도네시아를 오가는 유년기, 부모의 이혼과 아버지의 부재, 어머니의 재혼과 실패가 주는 불안정한 성장 과정 속에서 정체성의 혼란과 환경적 열등감에 방황하는 청소년기를 보낸다. 그러나 자신의 상처 속에서 희망의 씨앗을 발견하고, 서서히 눈길을 돌려 이웃의 고민과 아픔에 관심을 두기 시작한다. 그리고 시카고에서 지역사회 운동가로 활동하다가 일리노이주 상원의원에 당선되며 정계에 입문한다. 2004년까지 3선 의원으로 활동하다가 그해 일리노이주 연방 상원의원에 당선되었고, 2007년 전국적인 연방 정치에 진입한 지 3년 만에 민주당 대통령 후보가 되어 당선의 영광을 안는다. 미국 역사상 최초의 흑인 대통령이라는 새로운 역사를 쓴 것이다. 그는 복잡한 가정환경에서 나고 자랐지만, 모두 극복하며 세계인들에게 희망을 상징하는 지도자가 되었다.

텔레비전 속에서 보는 그의 자신감 넘치는 모습은 열등감투성이의 청소년기를 보냈다고 믿어지지 않았다. 그가 보여주는 희망의 미소를 보면 괜스레 기분이 좋아졌다. 위기는 기회라는 말을 떠올려 본다. 알 수 없는 희망과 용기가 솟아났다.

힘든 고비마다 삶의 지혜는 불행을 멈추게 하는 것이 아니라 불행 속에서도 건강한 씨앗을 심는 데 있다는 말을 곱씹으며, 마음을 다스렸다. 오노레 드 발자크의 '불행을 슬퍼하지 말고 거기서부터 새로운 출발점으로 삼아라.'라는 명구를 되새기며, 첫 번째 수필집 발간을 준비했다. 꿈은 희망을 버리지 않는 사람에게 선물로 주어진다더니 병원에서 타이핑해 출판사에 보낸 첫 번째 수필집 『난을 기르며』를 집에서 받았다. 그때의 기쁨 지금 생각해도 눈물이 어린다.

열나흘 달빛은 아름다운 꽃을 피우며 살아가는 법을 깨우쳐주었다. 성마른 내 성미도 눅잦혀 공직생활은 물론 막중한 칠 남매의 맏며느리를 손색없이 소화하도록 했다. 완벽한 보름달에 충족감을 느끼는 사람이 더 많겠지만, 나는 내일의 희망을 품을 수 있는 열나흘 달빛이 사랑옵다.

(『중부매일』. 2022. 2. 28)

하늘의 별이 되어서도

　하늘빛의 찬란한 향연이 오늘따라 더욱 빛나 보인다. 겸허한 마음으로 저녁노을을 바라본다. 인자한 어머님의 마음이 내려앉았기 때문일까. 어머님의 따뜻한 손길이 느껴진다. 맏며느리 사랑이 유별나셨던 어머님 은혜에 감읍하며, 감사의 기도를 올린다. 일곱 살 손자도 덩달아 무릎을 꿇고 기도하는 모습이 미덥다. 기쁘면서도 송구스러운 마음을 하늬바람이 어루만져 준다. 친정 부모님 성묘까지 다녀오려면 서둘러야 하는데 걸음이 떨어지지 않았다.
　어느새 서쪽 하늘에 개밥바라기별이 보인다. 험준한 에움길을 내려오느라 힘들 텐데도 내 손을 꼭 잡으며 할머니 조심하라는 손자가 사랑스럽다. 어린 손자가 있어 그냥 올까 생각했으나 내친김에 100리길 마다하지 않고, 친정 선산으로 향했다. 고향을 떠난 지 50년, 인근에 산업단지로 인해 공장이 많이 들어서서 조금 복잡해졌으나 낮에는 한 번도 헤맨 적이 없었다. 밤이 되니 모든 게 낯설어 어디가 어딘지 구분할 수가 없다. 내비게이션을 찍었는데도 엉뚱한 곳이 나온다. 겁이 덜컥 났다. 주위는 컴컴한데 민가도 없어 물어볼 사람조차 없다. 한참을 헤매다 찾았을 때는 등줄기에 땀이 송골송골 맺혔다. 어둑어둑한 늦저녁에 성묘를 마치고 돌아오는데 운전한 아들에게는 미안하나 마음은 홀가분했다.

사람들은 삶에서 찌든 심신을 산이나 바다에서 씻어낸다고 한다. 나는 양가 부모님 산소를 찾는다. 산소에 다녀오면 기쁨은 커지고, 슬픔은 해소된다. 오늘도 생각지 못한 문학상 수상 소식에 양가 부모님 산소를 찾은 것이다.

부모의 자식 사랑은 어디까지일까. 눈을 감기 전까지라고 생각하시는 분이 많을 것 같다. 하지만, 나는 '하늘의 별이 되어서도'라고 단언한다. 직장 다닐 때도 꿈에 친정엄마를 반갑게 맞이하면 영전한다든가 생각지 않은 큰 상을 타게 되었고, 근심스러운 듯 바라보시면 주위를 한번 살펴보라는 암시였다. 퇴직 후에도 마찬가지이다. 이번에도 엄마를 반갑게 맞이하는 꿈을 꾸고 나서 문학상 소식을 듣게 되었다. 자식 향한 끝없는 사랑, 어찌 갚아야 할지.

시어머님의 사랑도 하늘처럼 높다. 한 살 차이인 친정엄마와 어머님은 친자매처럼 한올졌다. 저승에서도 가깝게 지내시는지 내가 크고 작은 수술을 받을 적마다 함께 나타나신다. 쉽게 어울릴 것 같지 않은 대쪽 같은 성품끼리 돈독했던 것은 두 분 모두 지혜로운 분들이라 서로 양보하고 배려했기 때문이지 싶다. 매화향기처럼 그윽했던 두 분의 다정함은 내가 공직생활에서 꿈의 나래를 마음껏 펼칠 수 있는 자양분이 되었다.

시어머님은 나를 문학의 길로 인도하셨다. 30여 년 전에는 생활한복이 흔하지도 않았지만, 모시 생활한복은 더더욱 없었다. 젊어서 삯바느질하셨다는 어머님 말씀이 생각나서 소일하시라고 모시 한 필을 사다 드렸다. 연세가 워낙 많아 기대도 하지 않았다. 부끄럽다며 내놓은 솜씨에 놀라지 않을 수 없었다. 내 생활한복을 아주 맵시 있게 만드셨다. 어머님이 사랑과 정성으로 만들어 주신 모시옷을 입고 출근하면 아름답고 우아하다며, 동료들이 중전마마라고 불렀다.

자랑스러웠다. 그래서 글을 써서 공무원연금 소식지에도 보내고, 방송국에도 보냈다. 잡지에도 나오고, 라디오 방송도 타면서 자신감을 얻은 어머님은 바늘과 실이 빚어내는 아름다움에 더욱 빠져 드셨다. 희수(喜壽)에 모시로 인생 2막을 시작하신 것이다.

솜씨가 점점 늘자 가난한 이웃 노인들에게 수의 만들어 주는 재능기부까지 하셨다. 모시를 다루면서 보이지 않는 마음에도 고마움을 느낀다며, 이웃들과 정다운 웃음을 나누셨다. 밤낮을 가리지 않고 동분서주하던 어머님은 수어지교(水魚之交)의 사돈이 명을 달리하자 짝 잃은 외기러기처럼 힘을 잃었다.

위염에 골다공증이 겹쳐 몸져누우셨다. 그때까지 4대가 함께 복닥거리느라 그 흔한 가족여행 한번 못 간 것이 후회되었다. 할머님이 집안에서만 겨우 움직여서 모시고 다닐 수 없었기 때문이다. 할머니 영면하시고는 옆지기의 논문 준비로 차일피일 미루었다. 아들이 입대하기 전에 가족여행을 다녀와야 할 것 같아 준비하는 중에 어머니가 병이 나신 것이다. '벼르는 제사에 냉수 한 그릇 못 떠 놓는다.'는 말이 실감 났다.

허허로운 마음을 달래려고 가을을 집으로 초대했다. 노란 은행잎과 빨간 단풍잎, 그리고 갈대 몇 가지를 모셔 왔다. 집에 있는 감나무와 소사나무가 어우러져 제법 그럴싸했다. 아침저녁 오솔길을 걷듯 즐기고 있는데 어느 날 어머님 병문안 오신 시고모님이 가을을 떠나보냈다. 내가 바빠서 마당을 못 쓰는 줄 알고, 낙엽을 모두 쓸어 쓰레기차에 버린 것이다. 그때의 공허감은 말로 표현할 수가 없었다.

세상에 의미 없는 일은 없다더니 허망함을 달래려고 「잃어버린 가을」이란 작품을 써서 공무원문학협회에 응모한 것이 당선되었다. 어머님이 아니었으면 작가의 꿈은 이루지 못했을 것이다. 수필가라는 직함은 어머님의 선물이다.

　아무리 세월이 흘러도 정갈한 모시옷만 보면 어머님이 떠오른다. 천연염색 패션쇼에서 모시옷을 입은 출연자를 보는 순간 어머님이 오버랩되었다. 그리움에 어머님이 만들어 주셨던 모시이불을 꺼내 보며 「바람을 덮다」란 글을 쓴 것이 문학상을 안겨준 것이다.

　우리 부부는 평생 부모님 은혜를 잊을 수 없다. 가난에 젖어 살면서도 시골에서 청주까지 유학(遊學)한 것은 두 분 어머님의 희생 덕분이다. '어버이를 업고서 수미산을 백 번 천 번 돌다가 뼈가 닳아서 골이 흐른다고 해도 오히려 어버이의 은혜는 다 갚을 수 없다'라는 부처님 말씀을 되새겨 본다.

　어머님의 훌륭한 솜씨는 글을 쓰게 하였고, 병간호하며 느낀 고뇌는 등단의 기쁨, 유품을 통해 문학상까지 타게 되었다. 하늘과 같은 어머님의 은혜 어찌 갚아야 할지 눈물이 어린다. 숨겨둔 보석 같은 삶의 편린보다는 힘겨운 등짐만 졌던 어머님! 하늘의 별이 되어서도 자식 걱정만 하시니 송구합니다. 이제는 모든 시름 놓으시고 편히 영면하소서!

　　　　　　　　　　　　　　　　(『중부매일』 2019. 12. 27)

난초의 꿈

'영춘일화인래백화개(迎春一花引來百花開)'라 하여 모든 꽃을 불러 모은다는 꽃, 영춘화(迎春花)가 노란 웃음으로 희망을 싹틔운다. 봄을 환영하듯 개나리보다 먼저 꽃샘추위에 피어나 경이로움을 준다.

무채색에서 도톰하게 살을 찌우며 유채색으로 변신을 시작한 매화와 서부해당화가 요염한 자태로 꽃망울을 품고 있다. 미선나무, 수선화, 크로커스, 매발톱이 앞다투어 사랑과 희망을 머금은 꽃망울을 터트린다. 이곳저곳 터져 나오는 생명의 신비에 가슴은 환희로 팽창한다. 환호가 터지면서도 올봄은 예전과 달리 걱정이 앞섰다.

　어릴 적 꿈인 정원을 만들어 꽃을 기른 지 어언 5년이 넘었다. 묵정밭에서 아기자기한 정원으로 변모해 가던 중 지난해 큰 수해를 입었다. 하여 올해는 축대를 다시 쌓고, 정원을 복구해야 한다. 하지만, 거금이 들어가는 만큼 엄두가 나지 않는다. 스피노자는 "내일 지구의 종말이 온다고 해도 나는 오늘 한 그루의 사과나무를 심겠다."고 했지만, 해가 갈수록 일을 벌인다는 것이 무모한 것 같아 선뜻 용기가 나지 않는다.

　봄볕이 무르익고 있다. 식목일 전에 공사를 시작해야 하건만 갈피를 잡지 못하고 있다. 문득 20여 년 전 여성 공무원으로서는 처음 도 교육청 핵심 업무인 수용계획 담당자로 발탁되었을 때가 떠오른다. 끊이지 않는 영전 축하 전화에도 수백 명의 여성 공무원을 대표한다는 점에서 기쁨보다는 부담이 컸다.

　걱정과 우려를 불식시키고자 매일 야근과 특근을 했다. 하지만, 수용계획은 학교명을 제외하고는 모두 숫자로만 되어 있어 이해가 쉽지 않았다. 토요일 오후, 업무 파악을 위해 깨알 같은 숫자만 들여다보았더니 눈도 침침하고, 머릿속은 하얘졌다. 커피 한잔을 들고 정원으로 나갔다.

　환영이라도 하듯 한줄기 소나기가 지나간다. 초록 물이 잔뜩 배어 있는 잔디는 마치 녹색 융단을 깔아 놓은 듯 아름다웠다. 크고 작은 나무들도 방금 샤워를 한 덕분인지, 색깔이 곱고 신선하다 못해 눈이 부셨다.

　세상 욕심 다 버리고 무엇에도 연연하지 않은 채, 자신에게 주어진 만큼만 행복을 누리며 사는 정원 가족들에게 빠져들었다. 단풍나무가 곱디고운 옷맵시를 자랑이라도 하듯 예쁘게 왈츠를 추고, 옆에 있는 오엽송도 큰 어른답게 '어험!' 하며, 더덩실 춤을 춘다. 향나무도 향내를 살짝살짝 풍기며 살사를 추고, 다른 나무들도 향기에 취하고 멋에 취해 멋들어지게 향연을 벌인다.

　연못의 물이 수정처럼 맑고 깨끗하다. 가장자리에 붙여 놓은 자연석이 물속에 반사되어 아주 큰 호수를 연상케 한다. 유유자적 유영하는 비단잉어들도 경쟁하듯 아름다운 자태를 뽐낸다.

　연못 위에서는 고추잠자리가 파란 하늘과 맑은 물을 벗 삼아 곡예비행을 하고, 온갖 곤충들도 제 세상을 만난 듯 춤사위를 벌인다. 이름도 모르는 작은 새들의 지저귐 소리에 매미도 뒤질세라 아름다운 노래를 선사한다.

　봄에 식구를 늘린 까치 가족들도 목청을 돋우고, 개구쟁이 청설모도 이 나무 저 나무로 오르락내리락하며 앙증맞은 묘기를 펼친다. 배롱나무도 화사한 꽃비로 축포를 터트리며 한낮의 축제에 동참한다.

　축제를 지켜보던 인자한 신사임당(정원에 있는 동상)께서 지혜를 주셨는지 엉킨 실타래가 풀린 듯 숫자가 눈 안에 쏙 들어왔다. 복잡하고 어렵게만 생각했던 고등학교수용계획을 마치고, 얼굴 가득 맑은 웃음 지었던 기억은 이십 년이 지난 지금도 미소 짓게 한다.

돌이켜보니 복잡하거나 어려운 일이 있을 때 아름다운 꽃과 나무를 보면 마음이 정갈해지고, 용기와 에너지가 충전되었다. 아버지가 난과 같이 기품 있고, 고고하며 단아하게 살아가라고 지어주신 난초꽃이라는 이름 덕분이지 싶다.

하는 일마다 잘 되리라는 차동엽 신부님의 『무지개 원리』를 떠올리며, 주차장 축대와 꽃 뜨락을 재정비하기로 했다. 건물 주변에는 자그마한 꽃밭을 다시 만들고, 원래 있던 꽃밭에는 흙덮기하여 도시 생활에 지친 사람들에게 행복한 쉼터가 될 수 있는 잔디를 심기로 했다.

축대 쌓는 일은 조경업자에게 맡기고, 화단 가장자리 자연석 쌓고, 흙을 돋우는 일은 우리 내외가 직접 했다. 공사를 시작하니 우려와 달리 활력이 넘쳐났다. 옆지기도 어디서 그런 힘이 나오는지 무거운 돌도 번쩍 들어 옮긴다. 처음 해보는 곡괭이질도 어찌나 잘하는지 다른 사람 같아 보였다.

완성하고 나니 매우 비좁았다. 그래도 사계절 꽃을 볼 수 있게 물망초, 작약, 동자꽃, 꽃무릇 등 여러 종류의 야생화를 조금씩 심고, 체리, 자두나무, 산사나무를 심었다. 고운 볕기에 송골송골 맺히는 땀방울을 닦으며 하늘을 보니, 해님도 빙그레 웃고 있다. 새가 지저귀며 해와 달도 쉬어 갈 수 있지 싶다.

열매의 모양이 둥근 부채를 닮았다고 하여 이름 붙여진 미선(尾扇)나무와 홍화산사, 오데마리가 수줍게 꽃잎을 연다. 이에 뒤질세라 서양분꽃나무도 꽃망울을 터트린다. 미선나무와 분꽃나무의 욱욱한 향기에 요한슈트라우스의「봄의 소리 왈츠」를 얹었다.

마음 자락에 꽃이 피면 아름답지 않은 것이 없다고 한다. 작은 공간이나마 사랑을 심었다. 쉼이 필요한 사람들이 행복을 충전하면 더 바랄 것이 없겠다. 난초의 꿈은 돈도 명예도 아닌 마음 따뜻한 꽃을 피우는 것이다.

(『중부매일』. 2018. 5. 10)

수를 놓다

경자년 새해, 세미나장에서 예전에 같이 근무한 직원들을 만났다. 반가움에 새해 덕담을 주고받다가 의아한 듯 "과장님 예전에도 그렇게 작으셨나요?" 한다. 민망하여 "아니야, 다쳐서 그래" 하였더니 안쓰러운 듯 바라본다.

직장 다닐 때까지만 해도 키가 아담하다는 소리는 들었으나 작다는 소린 듣지 않았다. 요즈음은 만나는 사람마다 작아졌다는 소리를 한다. 얼마나 작아졌는지 오랜만에 만나는 사람은 깜짝 놀란다. 어린 시절은 남보다 커서 콤플렉스이더니 나이 들어서는 작아서 콤플렉스라니 어이가 없어 피식 웃음이 나온다.

어린 시절 몸이 허약하여 집에서 십 리가 넘는 초등학교를 혼자 걸어 다닐 수가 없었다. 하는 수 없이 건강이 회복된 후에 동생과 함께 입학한 것이 평생 나를 따라다니는 콤플렉스가 되었다.

초등학교 입학 때까지 시골 마을을 벗어난 적이 없었다. 좁은 새장에서 세상 밖으로 비상을 하게 되니 걸음걸음이 꿈이고 희망이란 생각이 들었다. 날씨마저 입학식을 축복해 주는 듯 쾌청하다 못해 황금빛으로 눈이 부셨다. 산모롱이를 지날 때였다. 고운 햇살에 모락모락 피어나는 아지랑이를 타고 하늘에서 선녀가 내려오는 것 같던 아름다운 풍광은 지금도 잊을 수 없다.

꿈과 희망을 품은 입학의 기쁨도 잠시, 곧 주눅이 들었다. 나이가 친구들보다 두 살이 많아서인지 덩치뿐만 아니라 키가 반에서 두 번째로 컸다. 그 시절에도 키가 작아서 고민했지, 크다고 고민한 사람은 아마 나 혼자였을 것이다. 웃자란 데다 다른 아이들보다 두 살 많으니 당연한 일인데도 나 자신이 나이를 인식했기 때문에 여간 부끄럽지 않았다. 동네에서 "언니! 언니!" 하던 동생 친구들이 학교 들어가고부터 같은 반 친구라고 이름을 부르는데 꼭 내가 모자라 놀림을 당하는 기분이 들었다. 생각다 못해 이름 부르지 말라고 눈을 부릅뜨면 "그럼 뭐라고 불러" 한다.

집에서도 그렇지만, 학교에서도 돌아다니지 않고 교실에만 있었다. 다행히 부반장을 맡고 있었기 때문에 교실 정리 정돈이나 청소한다며 교실에 남아 있어도 친구들은 당연하게 여겼고, 선생님은 그런 내가 대견한 듯 자잘한 일들을 시키셨다. 교실에 남아 정리 정돈을 잘하는 데다 솜씨도 있어 환경정리를 도맡아 했다. 환경정리 심사만 하면 우리 반이 일등을 했다. 다른 선생님들의 시새움과 부러움을 샀어도 내 마음은 불편했다.

바깥출입은 자제하였으나 집에서 학교까지의 먼 거리를 숨어 다닐 수는 없었다. 등하굣길에 큰 키를 작게 보이려고 습관적으로 어깨를 움츠리게 되었다. 엄마나 오빠들이 어깨를 쭉 펴라고 수시로 말씀하셔도 고쳐지지 않았다.

시골에서 초등학교를 마치고 군 소재지 중학교에 입학해서도 큰 키에 속해 움츠리고 다녔다. 내 키는 초등학교 6학년 때보다 고등학교를 졸업할 때까지 20㎝ 정도도 크지 않은 것 같다. 그래도, 여자들의 평균 키보다는 조금 큰 날씬한 축에 끼어 제법 인기도 있었다. 크지도 작지도 않아 고민할 필요가 전혀 없었는데도 한번 움츠러든 어깨는 펴질 줄을 몰랐다. 공직생활에서 여자가 너무 당당해 보이면 건방져 보인다고 상사들이 좋아하지 않을 때였다. 그래도 습관적으로 움츠리는 모습도 좋아 보이지는 않았을 것이다.

콤플렉스는 주위 사람들이 자신을 인정해 주지 않을 때 나타난다고 한다. 나는 근면·성실에 착실하고 책임감 있다고 인정받으면서 살았다. 그런데도 나이 많아 학교 들어갔다는 열등감 때문에 움츠릴 때가 많았다. 행복은 외모에 있지 않고, 진정한 아름다움은 내면에 있는데도 말이다. 콤플렉스 때문에 움츠렸던 시간에 지혜와 덕을 쌓았더라면 지금보다도 훨씬 아름다운 인생의 향기를 나누어 주며, 빛과 소금이 되었을 텐데.

나이를 먹었어도 여자는 여자인가 보다. 거울로 비치는 내 모습을 잘 알고 있다. 그런데도 보는 사람마다 키가 많이 줄었다고 하면 민망하고 속이 편하지 않다. 아직도 콤플렉스에 갇혀 있기 때문이지 싶다.

낭비한 시간에 대한 후회는 더 큰 시간 낭비란 생각을 해본다. 새해에는 콤플렉스 따위는 잊어버리고 내가 바라는 것을 남에게 먼저 배려하자. 마음은 비우되 인연은 소중히 여기고, 베풀고 양보하고 덕을 쌓으며 복을 짓자. 자녀들이 신경 쓰지 않게 건강도 챙기자. 웃음으로 하루를 시작하고 감사한 마음으로 하루를 마감하자. 맑고 고운 생각으로 한 올 한 올 수를 놓듯 남은 삶을 아름다운 무늬로 채워나가리라.

(『중부매일』. 2020. 1. 31)

세시풍속

주말 손자들과 시간을 보내고 싶어도 마땅히 갈 곳이 없다. 키즈 카페는 많이 있지만, 카페에서 몇 시간 보내기에는 시간이 아깝다. 마침 단오를 맞이해 문화제조창 앞 잔디광장에서 청주문화원이 마련한 한 해의 풍년과 건강을 기원하는 뜻을 담은 '단오맞이 세시풍속 체험 마당'을 한다고 한다. 기쁜 마음으로 손자들과 함께 참여했다. 가족 단위 참가자가 많아 해낙낙하다.

단오는 옛날부터 우리나라 3대 명절 중의 하나로 관심이 많았다. 설레는 마음에 조금 일찍 도착했는데도 북적거린다. 어린 시절을 떠올리며 손자들보다도 내가 더 신이 났다. 프로그램을 쭉 훑어본 큰 손자가 단오부

채 만들기부터 한단다. 단오부채는 임금이 재상과 시종들에게 무더위를 잘 보내라는 의미로 부채를 하사하는 풍습에서 유래했다. 참여자들의 편의를 위해 일찍 시작했다는 데도 30분은 기다려야 차례가 될 듯하다. 체험하고 있는 아이나 기다리는 아이들 모두 호기심과 진지함에 물들어 있다. 하나같이 또랑또랑한 모습이 어여쁘다.

작은 손자가 할 수 있는 것을 찾아 여기저기 기웃거렸다. 식전 행사로 전통문화를 생생히 느낄 수 있는 청주농악놀이패의 길놀이가 시작되었다. 어른이나 아이 할 것 없이 다 좋아한다. 얼쑤절쑤 세대를 아우르는 화합과 신명의 한마당에 어깨춤이 절로 나온다.

기도하는 마음으로 작은 손자와 소원 부적 만들기를 했다. 단옷날에 나쁜 귀신을 쫓기 위하여 문기둥에 붙인 것에서 유래했다는 소원 부적 만들기는 소원 부적 도장을 찍고, 캘리그라피 팀이 원하는 글귀를 써주는 것이다. 어떤 말을 쓸까 고민하다가 가족의 건강을 기원했다. 좋은 글귀를 예쁜 글씨로 담아낸 훌륭한 작품에 입이 귀에 걸렸다.

체험행사의 백미는 수리취떡 시식과 나눔이다. 쫀득쫀득한 식감이 예술인 수리취떡, 콩고물에 팥앙금이 들어간 맛이 일품이다. 얼음과 수박을 동동 띄운 오미자차가 시각과 미각을 사로잡으며, 송골송골 맺힌 땀방울을 씻어준다.

큰 손자가 완성한 부채를 보고 깜짝 놀랐다. 미술에 소질이 있는 줄은 알았지만, 기대 이상으로 잘 그렸다. 고슴도치도 제 자식은 함함하다고 한다더니, 재능을 발견한 것 같아 흐뭇했다.

장명루 만들기와 창포 샴푸 만들기에는 많은 사람이 대기하고 있어 다음 기회로 미뤘다. 말린 쑥과 계피 조각을 넣어 만든 쑥 향낭 향기에 빠져보는 재미도 쏠쏠했다. 전통 놀이인 활쏘기, 제기차기, 투호 놀이, 줄 죽마 등 큰 손자는 못 하는 게 없다. 유치원생인 작은 손자는 할 수 있는 게 별로 없는데도 신바람이 나는지 체험장을 누비고 다닌다. 나도 학창 시절을 생각하고 제기차기를 했다. 다리가 올라가지 않는다. 믿어지지 않아 다시 해보아도 마찬가지였다. 자신 있다고 큰소리쳤다가 허풍쟁이가 되었다.

사실 나는 학창 시절 뒤뚱발이였다. 그래서 체육 시간이 제일 고역이었다. 달리기, 농구, 피구, 배구 등 육상이나 구기 종목 어느 것 하나 잘하는 것이 없었다. 그중에서도 달리기는 경기(驚氣)를 일으킬 정도로 고통이 따랐다.

초등학교 1학년 추석 때로 기억된다. 그때는 마을 사람들 모두 함께 놀았다. 강강술래, 꼬리잡기 놀이는 인원이 많을수록 재미있다. 그날도 어린 나부터 마을 처녀들까지 모두 함께했다. 어리기도 한데다 몸도 약한 나는 상대편을 막을 힘이 없어 맨 뒤에 서야 했다. 꼬리를 잡히지 않으려고 열심히 뛰어다녔다. 이리

휘청, 저리 휘청 시간이 지날수록 숨이 컥컥 막혔다. 결국 잡은 손을 놓치고 나뒹굴었다. 아뿔싸! 마당 한 귀퉁이에 자리하고 있는 큰 돌에 코방아를 찧어 코피가 하늘로 치솟았다. 한참 동안 코피가 멎지 않아 주위 사람들에게 걱정만 끼쳤다. 그 후 고등학교 입학시험 때도 달리기 시험을 보지 않을 정도로 트라우마에 시달렸다. 그래도 행동반경이 좁은 줄넘기와 제기차기는 자신 있었는데 세월은 그마저도 허락하지 않는다. 자존심은 있어 다리를 다쳐 그렇다고 둘러대며 웃음으로 마무리했다.

세시풍속은 옛날부터 전해 오는 관습으로 계절에 맞추어 행해지는 고유의 행사와 풍습이다. 설날, 단오, 추석과 같은 명절이 되면 오랜 관습에 따라 음식과 술을 장만하며 새 옷으로 단장하고, 조상에게 제사 지내는 등 여러 가지 행사를 연다. 이러한 행사는 매년 반복되는 관습이어서 세시풍속이라고 한다.

세시풍속은 대체로 농경문화를 반영하고 있어 농경의례라고도 한다. 농경을 주 생업으로 하던 전통사회에서는 농경의 고비마다 신에게 제물을 바치면서 풍요를 기원했고, 고단한 농사일의 피로를 풀기 위해 잔치를 벌였다. 이를 통해 대지는 생명력을 회복했고, 인간은 노동력을 새롭게 충전하였다. 또한 놀이도 오락성이 주를 이루는 것이 아니라 풍농을 예축하거나 기원하는 의례였다. 그러니 세시풍속은 높은 교양과 지식이 필요한 것이 아니라 풍족한 마음으로 삶을 풍요롭게 즐기면 되는 것이다.

단오맞이 세시풍속 체험 마당으로 손자들과 선물 같은 하루를 보냈다. 민속촌에서나 가능한 세시풍속을 제대로 즐긴 것이다. 어른에게는 추억을 회상케 하고, 아이들에게는 재미를 주었다. 이는 지역문화의 중심에서 아름답고 풍성한 문화의 꽃을 피우는 문화원이 있어 가능했다.

  삶은 과거와 현재를 미래로 연결해 나아가면서 세상을 구성해 나가는 것이다. 점차 퇴색하고 있는 우리나라 3대 명절 중 하나인 단오를 시민들이 함께 즐기며 세시풍속의 의미를 되새겨 보는 소중한 시간이었다.

『중부매일』 2022. 6. 20)

부치지 못하는 편지

아버지!

아버지! 하고 부르기만 해도 보고 싶고, 그리워 눈시울이 붉어집니다. 아버지 가신 지 65년, 반세기가 훌쩍 넘었습니다. 자주 문안 인사를 드리지 못해 죄송합니다. 팔이 아파 운전을 못 하니 뵙기가 더 힘드네요. 생각다 못해 빛바랜 사진첩 속 아버지를 핸드폰으로 모셔 왔습니다. 매일 뵈어도 가슴속 그리움은 점점 더 사무쳐지네요.

아버지! 제가 살면서 가장 부러웠던 것이 무엇인 줄 아세요? 바로 아버지 있는 친구들이었습니다. 초등학교 학년이 바뀔 때마다 담임 선생님이 "아버지 뭐 하시니?"

하고 물으시면 죄인처럼 눈물만 글썽였습니다. 미련퉁이인지 지금도 아버지 생각만 하면 시도 때도 없이 눈물이 쏟아집니다.

엊그제 아이들이 어버이날이라고 카네이션을 달아주네요. 아버지께 카네이션 한 번 달아드리지 못한 불효자라는 생각에 숨이 멎는 듯했습니다. 죄송한 마음에 부치지는 못하더라도 편지를 쓰려고 아버지와 함께했던 기억을 떠올려 보았습니다.

생각에 생각을 더해도 백지상태입니다. 답답한 마음에 엉엉 울고 말았습니다. 그래도 아버지가 하늘나라로 가실 때 모습은 33개월 된 어린아이의 기억이라고 믿기지 않을 만큼 또렷했습니다.

희미한 등잔불 밑에 아버지가 제단 같은 높은 곳에 누워계셨지요. 돌도 안 된 동생을 업은 엄마와 언니, 오빠들이 심각한 표정으로 빙 둘러앉아 있었습니다. 조금 있으니 한 울안에 사시는 할머니와 작은아버지가 오셨지요. 무슨 일인가 싶어 식구들 얼굴을 훑어보니 하나같이 입은 꾹 다물고 눈물만 흘리고 있었습니다.

고요하던 방안이 갑자기 울음바다가 되었고, 저 어린것들을 데리고 어떻게 살라고 가느냐며 슬피 울던 엄마가 실신합니다. 가족들 모두 큰소리를 내며 흑흑 울었습니다. 저도 무서워 덩달아 엉엉 울었습니다. 그 이후 누가 아버지 이야기를 하면 답답하여 눈물만 흘렸습니다. 망각의 강을 건넌 듯 마지막 모습 이외는 기억이 나지 않습니다.

제가 중학교 때로 기억됩니다. 바로 칠월칠석 아버지 제삿날입니다. 가족들 모두 아버지에 대한 그리움으로 한 말씀씩 하였습니다. 저도 아는 척했습니다. 운명하실 때 모습을 말씀드렸지요. 언니와 오빠들은 물론 엄마까지 공감하기는커녕 세 돌도 안 된 어린애가 무얼 기억하겠느냐며 꿈을 꾼 것 같다고 하십니다. 제 머릿속엔 분명하지만, 아버지가 높은 제단 같은 곳에 누워 계셨을 리 만무하다는 생각이 들어 꿈이려니 했습니다. 그래도 아버지를 떠올리는 유일한 기억이기에 가슴속에 고이 간직했습니다.

세월이 흘러 큰오빠가 위암 수술을 하였으나 쾌유하지 못하고, 아버지 곁으로 가실 때 수수께끼가 풀렸습니다. 수술 후 집에서 요양하고 있을 때입니다. 날이 갈수록 여위어 나중에는 그야말로 뼈만 앙상히 남았지요. 어느 날 찾아뵈니 등이 배긴다고 이불을 몇 개 포개놓고 그 위에 누워 계셨습니다. 그 모습이 아버지 임종하실 때와 어찌나 똑같은지 깜짝 놀랐습니다. 애석하게도 높은 제단은 침대가 없었던 시절 아버지가 야윌 대로 야위어 등이 배기지 않도록 이불을 쌓아 놓았던 것이었습니다. 33개월 된 아기의 눈에 이불 몇 개 포개 놓은 것이 높은 제단으로 보였던 것 같습니다.

아버지 마지막 모습이 이렇게 오래도록 남아 있는 것은 살아 계시는 동안 평생 받을 사랑을 다 주셨기 때문이지 싶습니다. 어머니 배 속에 있을 때부터 위에 딸이 둘이나 있는데도 딸 낳기를 희망하셨다지요. 남아선호사상이 강한 시대에 시골의 가난한 선비 집 셋째 딸은 관심의 대상이 아니지요. 다른 사람들과 달리 아버지는 귀한 딸 낳았다고 좋아하시며, 쥐면 꺼질세라 불면 날세라 애지중지 온실 속의 화초처럼 곱게 키우셨다는 말씀 들었습니다.

철없는 딸이 보리밥을 안 먹겠다고 투정 부리면 화롯불에 숯덩이 한두 개 얹어놓고, 쌀밥을 손수 해서 먹이셨다지요. 입 짧은 딸을 위해 병원 다녀오실 적마다 비스킷을 사다 무릎에 앉혀놓고, 다른 형제들에게 뺏기지 않도록 다 먹어야 밖에 내보내셨다는 말씀도 들었습니다.

귀한 딸 낳았는데 해를 넘기면 안 된다며 한겨울에 십 리가 넘는 면사무소까지 눈길을 헤치며 가서 출생신고를 하셨다지요. 이름도 돌림자를 쓰지 않고 난과 같이 기품 있고 고고하며 단아하게 살아가라고, 난영(蘭英)으로 지어 주셨지요. 그래서인지 직장 다닐 때나 사회에 나와서도 많은 사랑을 받고 있습니다.

더더욱 감사한 것은 하늘나라 가시기 석 달 전, 자식이 아비 얼굴은 알아야 한다며 백릿길 마다하지 않고, 청주까지 가서 명함판 사진을 찍어다 놓으셨지요. 그 사진 아니었음 저는 평생 아버지 얼굴도 모른 채 가슴앓이하며 살았을 것입니다.

별이 아스라이 멀 듯 아버지는 너무 멀리 계시지만, 늘 제 가슴속에 계십니다. 기댈 수 있는 큰 산이고 언덕이었습니다. 힘들

때나 기쁠 때 아버지 사진을 보면서 힘을 얻고, 기쁨을 누립니다. 명문 여고에 합격하고도 입학금을 내지 못해 동동거리다 낮에는 극장에 가서 울고, 밤에는 냇가 제방에 가서 달을 보며 아버지께 애원했던 기억은 지금도 잊을 수 없습니다. 소원을 들어주셔서 감사합니다.

아버지! 아버지는 임종하시면서도 어머니께 귀한 딸이니 쌀밥 먹여 잘 키워 달라는 유언까지 남기셨다지요. 태산보다도 높은 남다른 부성애에 감읍하며, 아버지의 뜻에 어긋나지 않도록 올바른 사람이 되기 위해 지금까지도 그래왔지만, 남은 삶도 부단히 노력하며 살겠습니다.

비록 이 세상에 아니 계셔도 평생 제 버팀목이고, 스승님이자 멘토이셨던 아버지! 아버지의 딸로 태어나 좋은 형제들과 인연 맺고, 아름답고 선한 마음으로 이 세상을 살아갈 수 있었으니 감사합니다. 다시 돌아올 수 없는 강을 건너실 때 어린 자식들이 밟혀 눈도 제대로 못 감으셨지요. 이제는 모든 시름 다 내려놓으시고 영면하세요. 사랑합니다.

(『중부매일』. 2020. 5. 10)

취묵당

하늘하늘 색색의 코스모스가 하늬바람에 미소 짓는다. 언제부터인가 외래종인 핑크뮬리가 가을꽃 대명사로 자리 잡고 있다. 그래도 나는 코스모스, 구절초, 쑥부쟁이꽃에 더 정이 간다. 파란 하늘, 황금 들판과 어우러진 사랑스러운 코스모스만 보면 근심 걱정 없던 어린 시절로 돌아간다.

코스모스의 유혹에도 아랑곳하지 않고, 손자들에게 동화책을 읽어 주려 하나 시큰둥하다. 동화책보다는 유튜브나 TV를 즐긴다. 내 어린 시절은 동화책도 없었지만, 농사일에 바쁜 어머니나 할머니가 책을 읽어준다는 것은 상상도 할 수 없었다. 격세지감을 느끼며 창밖을 보니 파란 하늘에 하얀 뭉게구름이 그림을 그리고 있다. 싱숭생숭하여 손자들을 데리고 집을 나섰다. 오랜만의 나들이에 "동물원에 가자. 놀이공원에 가자." 주문도 많다.

 좌구산 휴양랜드를 경유해 백곡(栢谷) 김득신 선생의 시비가 있는 증평 문학공원으로 향했다. 유택이 모셔진 산자락은 내 어릴 적 뛰놀던 뒷동산 같다. 재잘재잘 친구들과 정겨웠던 시절 속에 빠져본다. 김득신 선생이 직접 지었다는 묘비명 '재주가 남만 못하다고 스스로 한계 짓지 마라. 나보다 어리석고 둔한 사람도 없지만, 결국엔 이룸이 있었다. 모든 것은 힘쓰는데 달려 있을 따름이다.'라는 문구가 눈에 확 들어왔다. 놀이공원이 아니라고 뿌루퉁한 손자들에게 선대 할아버님이라며, 인사 여쭈라고 했다. 정성스럽게 예를 올리고, 보광천 미루나무 숲에 있는 김득신 문학관으로 향했다. 김득신 문학관은 조선 중기 최고의 시인이자 독서왕으로 평가받는 백곡 김득신 선생의 생애와 문학을 계승·보존하는 곳이다.

 조금 전에 산소에서 예를 올리던 할아버님이라고 소개하며, 내가 아는 대로 이야기해 주었다. 어릴 적 천연두를 앓아 책 한 권을 석 달이나 읽고도 첫 구절조차 기억 못 하는 소문난 둔재였으나 열심히 공부하라는 아버지의 가르침대로 노력하여 독서왕이라는 별칭을 얻으며, 조선 중기 대표적인 시인이 되었다고 했다. 무슨 말인지 모를 텐데도 고개를 끄덕이는 모습들이 기특하다.

 평소 유튜브를 즐겨 보아서인지 김득신 선생 생애의 에피소드를 스토리텔링화한 애니메이션 영상을 재미있게 관람한다. 마음의 양식을 채우고, 취묵당 카페에서 바라보는 보광천 풍경은 한 폭의 수채화처럼 아름답다. 피곤해하는 아이들 때문에 망설이다가 내친김에 남편이 나고 자란 괴산읍 능촌리에 있는 취묵당으로 향했다.

 취묵당 바로 밑까지 찻길이 닿아 아이들도 쉽게 오를 수 있었다. 취묵당은 백곡(栢谷) 김득신 선생께서 김시민 장군의 사당인 충민사 옆 괴강 가에 건축하고 독서재로 이용하던 곳이다. 괴강의 아름다운 자연을 한눈에 볼 수 있는 사계절 아름다운 곳인데다 인적이 드물어 조용하고 평화로웠다.

 임진왜란 3대첩 중 하나인 진주대첩 김시민 장군의 손자가 바로 김득신 할아버지라고 하며, 선생의 탄생부터 취묵당에 관한 이야기를 들려주었다. 큰 손자는 김시민 장군을 알고 있어 호기심으로 가득했다. 할머니의 이야기에 귀 기울이는 손자들이 미쁘다.

 "득신의 아버지는 홍문관 부제학을 지낸 김치(金緻)로 노자가 나오는 꿈을 꾸고 아들을 낳았는데 장차 큰 인물이 되길 기원하는 뜻을 담아 아명을 '몽담(夢聃)'이라 하였으나 신몽을 꾸고 태어난 아이답지 않게 머리가 나빴다는 이야기, 노둔한 천품에도 불구하고 후천적인 노력을 통하여 시(詩)로 독자적인 경지에 이른 '고음(孤吟)과 다독'으로 유명한 인물이라는 점을 강조했다. 『백이전(伯夷傳)』은 무려 1억 1만 3천 번을 읽어 그의 서재 이름을 '억만재(億萬齋)'라 하였으며, 그 노력은 헛되지 않아 뛰어난 문장이 세상에 알려지자 임금님이 그의 시 「용호(龍湖)」를 보고 감탄했다."라는 이야기까지…. 일억이란 단어에 놀라고, 임금님이 칭찬했다는 말에 놀란다. 그러면서 할머니! 저도 책 많이 읽으면 훌륭한 사람이 되느냐고 진지하게 묻는다. 그렇다고 하니 팔짝팔짝 뛰며 좋아하는 모습이 순진무구하다.

취묵당 전면 기둥에는 그의 유명한 「용호(龍湖)」를 양각한 주련이 있고, 시문 등 현액도 많다. 학식이 부족해 해설은 고사하고 읽기도 어렵다. 다만, 「용호(龍湖)」는 알고 있어 읽어가며 해설까지 해주니 엄지척 할머니 최고란다.

용호(龍湖)

고목한운리(古木寒雲裏) / 고목은 찬 구름 속에 잠기고
추산백우변(秋山白雨邊) / 가을 산엔 소낙비 들이치네.
모강풍랑기(暮江風浪起) / 날 저문 강에 풍랑이 일자
어자급회선(漁子急回船) / 어부는 급히 뱃머리를 돌리네.

영감과 직관을 통해 자연과 생명을 조화롭게 읊은 시가 으뜸

이라더니 짧막한 시구에서 물아일체(物我一體)의 경지가 느껴졌다. 산, 강, 나룻배, 어부 등. 평범한 일상의 단어가 주옥같은 시어로의 변신은 학문이 그만큼 경지에 이르렀기 때문이리라.

「용호(龍湖)」를 몇 번 읊조리다 보니 취묵당 풍경을 어찌 그리 잘 묘사했는지 감탄사가 절로 나왔다. 백곡의 삶과 시(詩)를 음미하며, 사색에 잠겼다. 솔바람을 타고 어디선가 청아한 책 읽는 소리가 들려오는 듯했다. 마음이 통했는가. 손자가 '독서왕 몽담'이 된 듯 갑자기 제 동생에게 책을 읽어준다며 차 안에 있는 동화책을 가져오란다. 무리한 여정에 지칠 만도 한데 밝고 환한 모습들을 보니 울가망했던 마음이 기쁨으로 채워졌다.

독서왕 김득신은 자기의 삶은 자신이 만든다는 긍정 마인드에 부모의 사랑과 믿음이 더해져 바보에서 17세기 조선 최고의 시인으로 거듭났다. 우리집 보물인 손자들도 재주를 믿기보다는 둔한 붓이 똑똑함을 이긴다는 '둔필승총(鈍筆勝聰)' 하였으면 하는 바람을 취묵당에 얹어놓았다.

(『중부매일』 2020. 11. 7)

3

담을 허물다

나의 벗들

　10년 전, 정년퇴직만 하면 시간에 쫓기어 미루어 두었던 꿈을 다 이룰 수 있으리라 기대와 희망에 부풀었다. 바쁘다고 중단했던 박사학위, 봉사활동, 관심이 많았던 꽃꽂이와 한지공예, 건강을 위한 수영과 골프, 그리고 해외여행도 다녀보리라 다짐했다.
　드디어 직장에서 풀려나 자유로워졌다. 어느 것부터 해야 할지 행복한 고민에 빠졌다. 하지만, 박사학위는 영어 울렁증으로, 수영은 물이 무서워 수강 신청도 못했다. 골프와 한지공예는 배우는 도중에 디스크가 도져 중단하고, 봉사활동도 몇 번 못하고 대퇴부 골절로 병원 신세를 지게 되었다. 수술 후 서너 달은 '넘어진 자리에서 쉬어간다'라는 마음으로 편안하게 지냈다. 그러나 시간이 흘러가면서 탄력과 긴장에서 벗어난 일상은 무료함으로 찌들어 갔다. 해만 지면 허탈함과 우울증이 땅거미처럼 전신으로 스며들었다.

공직에 있을 때는 매우 진취적인 사람이라고 칭송을 들었었는데, 겪어보니 정년퇴직은 유통기간이 끝났다는 통보였다. 매일매일 되풀이되는 가사노동 또한 견디기 힘들었다. 고여 있는 물 같은 정체성에서 벗어나고자 배움과 나눔 실천을 위해 동분서주하다가 대퇴부가 골절되는 사고로 1년 동안 목발에 의지해 지내야 했다. 그 난감한 상황에서 나를 견디어내도록 손을 잡아 일으켜 세우며, 몸에 생기를 불어넣어 준 건 글쓰기였다.

아픔과 좌절을 딛고, 글을 쓰기 시작했다. 수술 후에 한 달 동안 보류했던 중부매일신문 「수필 & 삶」 필진을 다시 시작했고, 그동안 지방신문과 문학지에 발표했던 글들을 모아 수필집 발간을 차근차근 준비했다.

의사 선생님의 만류에도 컴퓨터 자판을 두드리는 손길에 신명이 일었다. 내 안에 있는 생각과 내가 보고 느끼고 경험했던 것들을 언어로 형상화한다는 사실이 설레게 했다.

병상에서 첫 번째 수필집 『난을 기르며』가 탄생했다. 오랜 기다림 끝에 얻은 자식처럼 첫 번째 출간으로 한껏 고무되었다. 책을 받은 문우들 칭찬이 빈말인 줄 알면서도 고마웠고 들뜨게 했다. 어쩌면 나는 고슴도치처럼 태작에 가까운 내 작품들을 하나같이 함초롬하다며, 사랑스러운 눈길로 보듬었던 것은 아니었나 싶다. 그러나 그 자가당착은 놀랍게도 나를 고공행진을 하도록 유도했다. 몸도 점차 좋아졌고, 글쓰기 못잖게 즐기던 식물 가꾸기를 위해 딸이 운영하는 카페 나들이도 잦아졌다.

카페 정원에는 각양각색의 꽃들이 돌림노래처럼 피고 진다. 꽃밭으로 들어서면 손길이 바빠진다. 꽃을 피웠다가 시들어가는 꽃대는 잘라내야 하고, 무성하게 자라는 풀도 뽑아줘야 하니 하루 해가 짧다. 정원엔 햇빛, 바람 등 식물이 자라기에 최적의 조건을 갖추고 있어 양지식물 음지식물 모두 어우렁더우렁 잘 자란다. 갖가지 색으로 피어나는 꽃들로 인하여 카페에 오는 손님들도 덤으로 꽃구경하는 호사를 누린다.

하지만, 나의 화초 사랑은 지나치다. 집 안에도 해가 잘 드는 거실과 베란다에는 수십 개의 화분으로 가득 차 있다. 사람도 저마다 개성이 다르듯 화분에 심어 놓은 꽃도 마찬가지이다. 꽃이 피는 시기도 다르고 향기도 달라 꽃의 근성을 잘 관찰해야 실패하지 않는다.

우리나라 속담에 서당 개도 3년이면 풍월을 읊는다고 했다. 40년이 넘도록 식물을 가꾸다 보니 모양새만 봐도 어디가 아픈지 무얼 원하는지 쉽게 알아차리는 안목이 텄다. 그중에서 나를 가장 애먹인 아이는 관음죽이다.

관음죽은 82년도에 작은 아파트에 살다가 단독주택으로 이사한 기념으로 들여놓은 녀석이다. 당시 유명한 정치인이 소철과 관음죽을 좋아한다고 하여 작은 것 한 포기인데도 제법 몸값이 나갔다. 큰맘 먹고 구매한 것이 아무리 공을 들여도 어찌나 도도한지 미동도 하지 않았다. 주인의 정성을 무시하는 것 같아 괘씸한 생각이 들어 한옆으로 밀쳐두었다.

그래도 살아 있는 생명이라 때맞추어 물주는 일만은 빼놓지 않았다. 가족이 된 지 4년이 되어서야 녀석도 미안했던지 포기도 늘리고 키도 자랐다. 10년이 넘자 왕창 불어나 포기나누기했다. 단독주택에서 지금의 아파트로 이사 올 때 이웃들에게 분양하고 화분 하나만 가져왔다.

아파트 입주를 축하라도 하듯 몇 년은 건강미를 자랑했다. 어느 해 겨울, 한파가 몰아닥쳤다. 베란다 기온이 갑자기 떨어진 걸 아둔한 주인은 미처 깨닫지 못해 관음죽 몸뚱이는 뻣뻣하게 얼어버렸다. 언 몸이 녹자 줄기가 주저앉았고 잎도 축 늘어져 보기가 민망했다.

무생물도 오래 지니면 정이 든다. 하물며 30년 가까이 수백 번 내 손길이 미쳤던 관음죽의 동사는 충격이었다. 무엇보다 미처 보살피지 못한 것이 미안했다. 화분에서 뿌리를 들어내며 미련이 남아 살펴보니 고맙게도 뿌리는 살아 있었다. 어렵게 회생한 관음죽이 쑥쑥 자라 2011년도 봄에 꽃을 피웠다. 관음죽 꽃

말은 행운이다. 그래 꽃이 피면 집안에 행운이 들어올 것 같아 공연히 기분이 들뜨기도 한다. 꽃말이 맞는 것일까. 그해 가을에 아들이 결혼식을 올리는 경사가 있었다. 식물은 주인이 정성을 쏟으면 반드시 은공으로 보답하지 싶다.

다리 다친 지 10년이 넘었다. 그때 후유증으로 허리 중심이 한쪽으로 기울어 걸음걸이가 온전하지 못하지만, 이만한 게 감사하다. 회억하니 글쓰기와 식물을 가꾸면서 얻은 시너지효과로 1년 동안 목발에 의지하던 고통을 털어내고, 일어설 수 있었지 싶다.

사람은 나이가 들수록 외로워진다. 10년 후쯤엔 지금보다 외출이 더 자유롭지 못할 것이다. 그때도 나를 위로하고 적조함을 달랠 수 있는 건 여전히 글쓰기와 식물 가꾸기 일 것이다.

내 글이 문학작품으로 크게 자리매김 받지 못해도 좋다. 내 생각과 경험, 지나간 시간을 소환하여 언어로 표현하면서 외로움을 덜 수 있고, 삶이 풍요로워진다면 그것으로 충분하다. 주인의 정성과 노고에 반드시 보답하는 저 베란다 식물에 나를 기대어 살아갈 수 있음은 큰 축복이다.

(2019. 8)

담을 허물다

지금 지구촌은 코로나바이러스 확산으로 발칵 뒤집혔다. 그 와중에도 자연석으로 쌓아 올린 돌담 한구석에선 짙은 자색 모란이 정원을 수놓고 있다. 돌담과 어우러져 우아함을 한껏 뽐낸다.

모란이 필적마다 느끼는 건 꽃에서 귀족적인 분위기를 풍긴다는 점이다. 이래서 꽃 중의 꽃으로 대접을 받았던 모양이다. 모란은 꽃도 아름답지만, 세 갈래 오리발 모양인 초록 이파리도 시선을 끌어들인다. 꽃에 비하면 잎은 아주 수수하다. 고단하게 살아가는 서민들 손을 연상시킬 만치 소박해 더 친근감을 안겨준다. 일테면 모란꽃은 왕이고, 오리발을 닮은 초록 잎은 왕의 수발을 드는 나인의 손을 닮았다고나 할까.

　꽃 중의 꽃 모란이 질 때는 영랑의 시를 떠올린다. 그 시를 처음 읽었던 건 여고 시절이었다. 친구들과 시집에 실린 「모란이 피기까지는」 시 제목을 또박또박 적으며, 왜 시인은 모란이 피면 나의 한 해는 다 갔다고 했을까. 그 은유와 상징을 이해하지 못한 채 친구들과 돌려 보던 기억이 새삼스럽다.

　오늘은 어려운 처지에 놓인 사람들을 위해 영랑의 시 대신 위로의 편지라도 써서 돌리고 싶은 심정이다. 코로나19로 고통을 겪지 않는 사람 어디 있을까만 소상공인들의 고통은 이루 말할 수 없다. 여기저기 임대문의 현수막이 붙은 빈 점포가 한둘 아니다. 남의 일이 아니다.

　작은 카페를 운영하는 딸도 비껴가지 못하고 고전하고 있다. 고통을 묵묵히 견디어내는 모습이 안타까워 곁에서 지켜보는 나도 따라 애가 잦는다. 『채근담』에는 역경과 곤궁함은 훌륭한 인격을 단련시키는 용광로라는 말이 있지만, 속인들이야 고통으로 여길 수밖에 없지 않은가.

　고통 속에서도 쉼 없이 발전방안을 모색하던 딸이 봄꽃이 한창 피기 시작하자 정원을 둘러보더니, 뜬금없이 주차장 돌담을 허물자고 한다. 자연석으로 쌓은 예스러운 돌담인 데다 한번 허물면 다시 쌓을 수도 없다. 돌담이 주는 안정감도 좋지만, 애지중지 키워온 꽃들이 수난을 겪을 것 같아 반대했다. 딸도 사업하는 사람은 단점은 보완하고 장점은 부각해야 하는데 엄마 아빠는 그 반대라며 물러서지 않았다.

돌담 밑에는 수국, 백합, 아이리스, 달맞이꽃 등 수십 종의 화초가 일가를 이루고 있다. 일 년 내내 아름다운 모습뿐 아니라 향기도 은은해 카페를 찾아오는 손님에게 시선을 집중시켰고, 힐링 공간이 되기도 했다. 때론 사진작가들의 무대가 되기도 하던 돌담을 막무가내로 허물자고 하니 어찌 선뜻 결정을 내릴 수가 있겠는가.

그런 데다 한 수 더 뜬다. 카페 정원은 꽃을 파는 화원이 아니니 화분보다는 화단에 직접 심으란다. 다양한 종류보다 한두 가지 무더기로 심어야 깔끔하고 돋보인다며, 정리 정돈을 해달라고 요구한다. 처음 정원을 만들었을 때와 달리 날이 갈수록 조잡스러워져 고민하던 차에 딸에게 정곡을 찔린 것이다.

아무리 힘들어도 부모에게 기대지 않고, 자립해 보겠다고 노력하는 딸의 모습이 가상했던지 늘 내 편이었던 옆지기가 이번에는 딸의 의견에 따르겠다고 나섰다. 이쯤 되니 내 고집을 꺾고, 부녀의 의견을 받아들일 수밖에.

그는 평소 꽃을 자기 몸처럼 아끼는 내 심성을 아는 터라 마누라 마음 변하기 전에 담을 허문다며, 공구상점에서 오함마라는 대형망치를 사 왔다. 건설업자에게 맡기라고 해도 단순 공사라며 고집을 부렸다. 딸의 사업도 걱정스러웠지만, 옆지기 건강이 더 신경 쓰여 한사코 말렸으나 기어이 강행했다.

그런데 아뿔싸! 돌담 속에 철근과 콘크리트가 박혀 있지 않은가. 만만히 보았다가 큰코다친 격이다. 인부까지 동원하여 비지땀을 흘렸으나 꿈쩍도 하지 않았다. 나이도 있는데 며칠씩 돌담과 씨름하는 모습이 안쓰러웠다. 하지만, 열 번 찍어 안 넘어가는 나무 없다더니 드디어 그의 승리로 끝이 났다. 돌담이 허물어진 것이다. 개선장군이라도 된 듯 흐뭇해하는 모습을 보고 박수를 보냈다. 객기로 끝나지 않았음이 고마워서이다.

우려와 달리 세상을 향해 몸을 낮춘 듯한 모습이 새참하다. 아늑함과 정겨움은 사라졌지만, 시야도 탁 트여 시원해 보였다. 담장을 하나 헐었을 뿐인데 교차로에서 보아도 주차장이 훤히 보이고, 주차장 안에서 보면 교차로가 내 소유인 듯 눈앞으로 들어온다. 딸 말대로 우리 집 장점인 넓은 주차장이 그대로 어필되었다. 마음먹기에 달렸다고 복잡하던 마음이 한결 가벼워졌다.

안과 밖을 나누는 경계인 담, 사람과 사람의 관계에서도 담은 있게 마련이다. 내가 쌓은 담으로 인하여 부모와 형제, 자녀를 비롯하여 많은 사람이 고초를 겪었을 것이다. 그중에서도 아이들에게 거는 기대와 욕심이 늘 기준치를 넘었다.

아이의 의견을 존중하고 꿈을 응원했어야 했다. 스스로 터득하고 깨달아가며 어려움을 극복할 수 있도록 담 높이를 낮추는 것이 진정한 사랑이었을 텐데, 난공불락의 담을 쳐놓고는 뛰어넘으라고만 했다. 부모 마음에 반듯하고 건실하게 잘 키워 세상에 내보내려는 과욕이 아이들을 괴롭혔다. 얼마나 아팠을까.

　정부는 자녀의 성(性)을 결정할 때 아버지 성을 우선 따르도록 하는 '부성 우선 원칙'에서 부모 협의로 자녀의 성을 결정하는 '부모 협의제도'를 도입 추진한다고 한다. 절대 바뀌지 않을 것 같은 가족 관계법도 바뀌는데…. 담 허물기를 잘했지 싶다.

　밝고 맑은 순결한 오월이다. 온 산야가 파스텔 톤을 띠고 꽃향기로 오감을 자극하며, 사랑의 메시지 엔도르핀을 샘솟게 한다. 집안의 담만 허무는 데 그치지 말고, 욕심과 집착과 마음의 담을 허물어 사랑으로 가득 채워야겠다.

(『중부매일』 2021. 5. 10)

느려도 황소걸음

지난해는 코로나바이러스라는 괴물이 전 세계를 헤집고 다녀서 온 지구촌이 불안과 초조함으로 인고의 시간을 보냈다. 힘들었던 만큼 그 어느 해보다 꿈과 희망으로 새해를 맞이했으나 괴물과의 전쟁은 아직도 진행 중이다. 오히려 변이바이러스까지 만들어내며 세를 더욱 불리고 있다. 우리나라는 철저한 K-방역으로 거리 두기는 완화되었으나 5인 이상 집합 금지 행정명령으로 활동 범위는 좁아져 우리 앞에 놓인 삶은 그리 순탄치만은 않을 것 같다.

민족 대 명절 설이 코앞으로 다가왔다. 대형마트에는 사람들이 북적거리는데 전통시장이나 일반 상가에는 사람 구경하기가 힘들다. 소상공인과 영세 자영업자들의 한숨은 더욱더 깊어만 간다. 자영업을 하는 딸도 코로나19 팬데믹으로 엎친 데 덮친 격이 되었다.

곁에서 지켜보는 나는 속이 타들어 갔다. 적자를 메꿔보겠다고 주 육십 시간 이상 근무를 하며, 바동바동 위기를 벗어나려 애쓰는 모습이 안타깝다. 잠도 제대로 못 자고 일을 해도 제 인건비는커녕 직원들 월급, 공과금도 낼 수 없다니 어찌하면 좋을까. 오르막이 있으면 내리막이 있고, 맑은 날이 있으면 흐린 날이 있다지만, 곱던 얼굴이 세월의 무게에 짓눌릴까 걱정스럽다. 언제쯤 웃음을 찾을 수 있을는지!

안타까워하는 나와는 달리 희망의 끈을 놓지 않고 있으니 엄마 아빠만 몸조심하라고 한다. 응석받이 막내라 철부지인 줄 알았더니 오히려 우리 내외 걱정하는 마음이 기특하다.

철저한 방역을 위해 실내 환경을 재정비하고, 야외테라스 손을 보는 등 각고의 노력을 하고 있다. 거센 세파에도 굳건히 버티는 모습이 대견하다. 매화는 모진 추위를 겪을수록 맑은 향기를 뿜어내고, 사람은 어려움을 겪을수록 더 나은 내일을 맞이한다더니, 역경과 위기를 기회로 삼으려는 노력이 가상하다.

상서로움과 신성함을 의미하는 '하얀 소'의 해 신축년! 소는 우리와 일상을 같이 하는 동물로 황소고집이란 말이 있기는 하지만, 유순하고 묵묵히 일하는 근면 성실로 통한다. 자신이 느리다는 단점을 부지런함으로 승부하는 착하디착한 우리 오빠들같이.

지금도 소는 재산이지만, 내가 어린 시절 시골에서는 가장 큰 재산이었다. 농사를 지으려면 소가 꼭 필요했고, 목돈을 마련하는데 돼지나 닭도 있었으나 소가 제일 큰 몫을 했다. 어디 그뿐인가. 논 갈고, 밭 갈고 장날은 달구지 끌고 읍내 장터까지 다녀오는 등 일꾼 중에 상일꾼이었다. 그래 사람은 굶어도 소는 굶기지 않았다. 소를 배불리 먹이기 위해 사내아이들은 학교 갔다 집에 돌아오면, 책가방 내던지고 소 풀을 뜯기거나 소꼴을 베어야 했다. 지금이야 사료로 키우니 들녘에서 풀을 뜯는 소를 발견하기도 힘들지만, 어린 시절 한가로이 풀을 뜯고 있는 소는 농촌의 여유로움이요 넉넉한 인심이었다.

며칠 전 이중섭 원화를 사실감 있게 재현한 미디어아트 특별기획전을 다녀왔다. 대표작 흰 소가 마치 살아 움직이는 것처럼 거친 숨을 내쉬며 뚜벅뚜벅 전진한다. 감히 범접하지 못할 위엄이 서려 있는 당당하고 힘찬 모습에 온몸에 전율이 돋았다. 작가가 유독 소를 그린 이유는 저항의 메시지를 담고 있다고 알려져 있다. 일제 강점기를 살던 작가는 소를 통해 강한 민족성을 표현하였고, 우리 국민들은 희망의 메시지로 받아들였으리라.

당당하고 힘찬 모습을 역동적으로 그려낸 흰 소 그림은 교과서에도 실린 이중섭 화가의 가장 유명한 대표작이다. 교과서에서 많이 본 그림을 미디어아트로 볼 수 있어 가슴 벅찼다.

  어떤 고난과 역경도 뚫고 나갈 듯 생동감이 넘치는 흰 소를 보면서, 위기에 강한 한국인의 저력이 느껴졌다. '느려도 황소걸음'이라 했다. 소처럼 우직하고 묵묵히 기다려온 백신 접종이 이번 달부터 시작된다고 한다. 온 국민이 희망 잃지 않고 찬 겨울 잘 보내고, 따뜻한 봄을 맞이하길 빌어본다. 희망만 있으면 행복의 싹은 그곳에서 움틀 테니까.

(『중부매일』 2021. 2. 8)

천사의 장미

나이 들어서는 사랑하는 사람보다도 좋은 친구가 더 필요하다는 말이 실감 난다. 일 년에 두 번 하던 여고 동기 모임을 한 달에 두 번을 해도 참석자가 늘고 있다. 그래도, 전혀 친해지고 싶지 않은 친구도 있다. 누구 하나 가까이하려는 사람이 없는데도 조금만 방심하면 어느새 곁에 와서 웃음 짓고 있는 병(病)이라는 잔미운 친구다.

한번 가까이하면 떼어내기도 쉽지 않다. 멀리하는 것이 상책이나 혼자서는 그마저도 어렵다. 의사 선생님의 도움을 받아야 하니 경제적으로도 힘들고, 바쁜 생활 속에서 한나절을 소비해야 하는 시간도 아깝다. 이래저

래 병원 가는 날은 심란하다.

 오늘도 몇 시간을 허비했다. 불편한 심기를 잠재우고자 꽃집으로 향했다. 장미, 스타티스, 안개꽃 등 형형색색 아름다운 꽃이 반갑게 맞이한다. 지친 심신을 다독이며 향기에 취해본다. 싱그럽고 환한 미소가 살포시 피어오른다.

 빨간 장미꽃만 보면 소중한 추억이 떠오른다. 삶이 고달파 지푸라기라도 잡고 싶을 때 한 줄기 빛이 되어준 천사 같은 아기와의 만남이다. 잠깐의 스침이었지만, 오랜 세월이 흘렀어도 뇌리를 떠나지 않고 좋은 기억으로 남아 있다.

 어머님은 골반을 다쳐 옴짝달싹하지 못하셨다. 밤낮으로 기저귀를 차야 했다. 낮에는 간병인이 갈아주지만, 밤에는 내가 수시로 갈아주었다. 딸이 도와주기는 하나 몇 년 동안 밤잠을 제대로 자지 못해 만성피로에 시달렸다.

 어머님의 오랜 투병에 내 생활 리듬이 완전히 깨졌다. 엎친 데 덮친 격으로 여러 가지 일이 겹쳐 삶이 버거웠다. 애면글면 속을 끓일 때, 신선한 청량제 같은 아기와의 만남은 캄캄한 어둠 속에서 한 줄기 빛이 되었다. 지금은 몸도 마음도 아주 예쁘게 커서 어엿한 사회인이거나 대학 졸업반 정도 되었지 싶다.

 하루하루 버티기도 힘들었지만, 여성 공무원도 관리자로 승진시킨다는 반가운 소식이 들렸다. 부족한 점수를 보충하고자 직무 교육을 신청했다. 강의실에 들어서니 절반이 경력 5년도 안 된 젊은이들이었다. 나이 탓으로 부끄러운 생각도 드는 데다 시간표를 보니 2주 연수 동안 논술평가, 수행평가, 분임 발표, 객관식 평가까지 수시로 평가가 있다. 첫날부터 중압감이 밀려왔다.

설상가상 조카가 교통사고로 병원에 입원했다고 한다. 병문안을 마치고, 자동차 시동을 걸고 막 출발하려는데 어떤 남자가 뒤에 와서 부딪치는 척 연기를 한다. 괜찮다고 그냥 가라는 것을 병원으로 모시고 갔다. 다행히 의사 선생님이 그 사람을 알아보아 잘 해결되었다. 안심하고 집에 왔는데 시도 때도 없이 전화해 돈을 요구했다. 그날 교통사고 접수를 해야 하는데 그냥 집에 온 것이 화근이었다. 말로만 듣던 교통사고 사기 사건에 휘말린 것이다. 10여 일을 시달렸다. 피로는 쌓이고 쌓였다.

마음은 다급한데 이런저런 일로 공부할 여건이 되지 않아 애가 탔다. 그런 데다 마지막 객관식 시험 전날, 할머님 제사까지 있었다. 새벽 한 시까지 뒷설거지를 끝내고 잠시 눈을 붙인다는 것이 악몽에 시달렸다.

아침에 눈을 뜨니 몸살감기가 오는지 온몸이 쑤시고 아팠다. 몽롱한 상태에서 시험지를 받아보니 글자가 눈에 들어오지 않았다. 간신히 끝내고 집으로 오는데 정신적, 육체적 피로가 겹쳐 눈을 뜰 수가 없었다. 의지 하나로 꿋꿋하게 버텼는데 실망감으로 온몸에 힘이 풀렸다. 솔로몬의 '이것 또한 지나가리라'는 말을 되새겨 보지만, 허허롭기만 했다.

자리에 누우면 일어나지 못할 것 같아 미용실을 찾았다. 손님이 많아 잠시 기다리고 있었다. 예쁜 원피스를 입은 서너 살쯤 되어 보이는 귀여운 아기가 아장아장 걸어 내 앞으로 다가오더니 예쁘게 포장된 빨간 장미꽃을 불쑥 내민다. 깜짝 놀라 "아가야! 이 꽃, 아줌마 주는 거야?" 하니, 그렇다고 고개를 끄덕인다. 왜? 하고, 물으니 귀여운 어조로 "그냥!" 하면서 배시시 웃는다.

흔하디흔한 물망초를 보고도 발길을 멈출 정도로 꽃 사랑이 남다르다. 그런 사람이 전혀 모르는 천사처럼 귀여운 아기한테서 장미꽃을 받았으니 어리둥절하면서도 기쁨을 감출 수가 없었다. 하지만, 처음 보는 아기에게서 염치없이 꽃을 받을 수 없어 되돌려주었다. 그래도 던지듯이 내 무릎에 올려놓고는 생글생글 웃으며 자기 엄마한테로 갔다.

생각지도 못한 찰나의 행복에 만족하며, 꽃을 아기엄마에게 돌려주었다. 내가 힘들어 보였는지 아기 엄마도 그냥 가져가란다. 고마운 마음에 과자라도 사주라고 꽃값을 주니 한사코 사양한다. 아기 손에 겨우 쥐여 주고 집으로 향했다. 하느님께서 아기천사를 보내 주신 것인가. 불과 몇 분 전만 해도 천 길 낭떠러지로 떨어지는 기분이었는데 하늘을 나는 기분이다. 휘청휘청 흔들흔들하던 발걸음이 신비하리만치 사뿐사뿐 해졌다.

아기천사가 내 삶의 무거운 짐을 모두 거두어 간 것일까? 그 후 몸과 마음이 정화되었을 뿐만 아니라 힘든 고비를 잘 넘기고 꿈에 그리던 승진을 하였다. 지금이야 여성 고위공직자가 많지만, 2000년도만 해도 중앙부처에 고시 출신은 더러 있었으나 9급부터 시작해 5급이 된 경우는 극히 드물었다. 그만큼 남성 중심 공직사회에서 여성 공무원이 사무관이 된다는 것은 하늘의 별을 따는 것과 같았다. 그 어려운 사무관 승진에 이어 몇 년 후 서기관까지 승진하여 수백 명의 여성 공무원들에게 꿈과 희망을 주었다.

20년의 세월이 흘렀어도 장미꽃만 보면, 천사처럼 다가와 장미꽃을 선물한 아기천사가 떠오른다. 꺼지지 않는 등불처럼 오래도록 가슴속에 남아 있는 천사의 장미! 지나간 것은 추억인데 소중한 추억을 꺼내 보는 행복을 준 아기천사에게 꽃길만 있었으면 한다.

(『월간문학』 2019. 7월호)

쑥개떡

　바이러스가 창궐해도 건들바람이 행복을 싣고 달려온다. 들녘에는 가을볕을 듬뿍 받은 벼가 황금빛으로 물들고, 온갖 곡식이 영글어가는 소리가 탱글탱글하다. 자연의 섭리는 참으로 위대하다.
　엊그제 묵정밭에 들깨 묘를 심은 것 같은데 어느새 내 어깨를 뛰어넘었다. 꽃이 피는가 싶더니 씨방을 만들어 속을 채우고 있다. 조랑조랑 매달고 있는 송아리가 실하여 가지가 휘어진다. 팔 남매를 짊어진 내 어머니 어깨도 저랬지 싶어 측은지심이 든다.
　어머니를 그리며 들깨밭을 휘돌아보았다. 그리움이 묻어나는 들깨 향기에 미소가 번지면서도 여기저기서 키 자랑하듯 얼굴을 내미는 잡초가 거슬렸다. 풀 한 포기 없이 곡식을 남실남실 키워내던 어머니 모습이 떠오른다.

보름 정도 있으면 깨를 베어야 할 것 같아 참으려 해도 손톱 밑의 가시같이 신경이 쓰였다. 들깨 송아리가 다칠까 조심조심 이랑으로 들어갔다. 농약을 치지 않아 뱀이 나올까 무서운데 뿌리까지 단단히 박혀 있다. 낑낑대며 풀 뽑는 모습이 안쓰러운지 옆지기는 어리대다 다치지 말고 어서 나가란다.

얼치기 농부가 된 지 10년이 넘었다. 10년이면 강산도 변한다는데 우리 내외 농사 실력은 발전이 없다. 헛수고만 하는 것 같다가도 힘이 드는 만큼 부부의 정은 도타워지지 싶다. 처음엔 옥수수, 감자, 고구마 등 많은 종류를 심었다. 배추는 고소하지 않았고, 무는 달지 않았다. 고구마는 왜 그리 커다란지 어린아이 머리통만 했다. 옥수수는 수확하기 하루나 이틀 전에 들짐승의 먹이로 내주어야 했다. 그래도 감자 농사는 잘되어 옆지기 친구들과 나눌 수 있었다. 내 손으로 지은 농작물을 나누는 기쁨이 생각보다 컸다. 이것저것 해보았으나 투자에 비해 소득이 없었다. 힘도 달려 올해는 비교적 손이 덜 가는 들깨를 심은 것이다.

숨이 턱까지 차오른다. 흐르는 땀을 훔치며 하늘을 보았다. 하얀 구름이 파란 하늘에 그림을 그리고 있다. 박꽃 같기도 하고, 목련꽃 같기도 하다. 꽃이 몽실몽실 피어나고, 토끼인지 거북이인지 동물 모습도 보인다. 파란 하늘과 하얀 구름이 어우러져 꽃을 피우고, 동물도 그려내는 모습이 눈이 시리도록 아름답다.

들깨 향기에 취하고, 하늘이 빚어내는 아름다움에 취해 밭둑 바람의 여울목에 앉았다. 청량감이 폐부 깊숙이 파고든다. 앉은 김에 쉬어간다고 새참으로 준비한 쑥개떡을 한입 베어 물었다. 시장에서 산 것과는 차원이 다른 맛이다. 적당한 노동 후에 먹는 사랑과 정성이 듬뿍 들어간 쑥개떡은 참으로 꿀맛이다. 향긋한 쑥 향기가 코끝을 간질이고, 쫀득쫀득한 행복이 입안을 가득 메운다.

지난해 오랫동안 담숙한 관계를 맺어온 L 선생님과 존경하는 문단 대선배님이신 K 선생님에게서 쑥개떡 뭉치를 받았다. 생각지 못한 선물에 가슴이 뭉클했다. 더욱이 K 선생님은 큰 수해를 입었었다. 아마도 태어나서 처음 겪는 고통이었을 것이다. 문인 서너 명이 뒤늦게 선생님 댁을 방문했다. 작은 수해로도 혼비백산했던 나와는 달리 거의 원상복구 되었다. 자원봉사자의 도움이 있었다고는 하나 밤잠 못 자고 정리하셨을 것이다. 연세도 있고 몸도 약하신 분이 고생하셨을 생각에 안쓰러웠다. 그 와중에 쑥개떡 뭉치를 받았으니 죄송스러움에 몸 둘 바를 몰랐다. 큰 수해를 당하시고도 내 아픔보다 남을 먼저 배려하시는 선생님의 인품을 감히 누가 따를 수 있을까.

쑥개떡은 지금은 쌀로 만들지만, 먹을 것이 귀한 시절 노깨나 보릿겨 등에 쑥을 넣고 반죽하여 둥글넓적하게 아무렇게나 반대기를 지어 찐 떡을 말하는 것이다. 노깨는 굵은 체에 내린 밀가루를 다시 고운체에 내렸을 때의 찌꺼기이다. 지금 같으면 아무리 몸에 좋다고 해도 보릿겨나 밀기울로 만든 음식을 먹을 수 없을 것이다. 배고픈 시절, 배고픔을 채우기 위해 어머니가 해주시던 귀하면서도 눈물 섞인 쑥개떡은 행복이고 웃음이었지 싶다.

친정어머니는 하루하루가 가시밭길이었다. 남편 일찍 사별하고, 자녀들이 나쁜 길로 들어설까 노심초사하셨다. 가슴속에는 한없는 사랑을 품고 계시면서도 호랑이 선생님이 되어야 했다. 그런 어머니가 어렵고 부담스러웠다. 어머니와 다정하게 지내는 친구들이 부러웠다. 내가 상상하는 어머니상을 그려보며, 내 아이들에게는 다정하면서도 자상한 엄마가 되고자 다짐했다. 하지만, 알게 모르게 친정어머니를 닮아 있었다.

20여 년 전 문학회에 첫발을 내디뎠을 때이다. 낯설어 쭈뼛거리는 신입회원을 자애로운 눈빛으로 따뜻하게 보듬어 주시는 K 선생님이 계셨다. 인자한 기품이 느껴졌다. 첫눈에 빠졌다. 지혜와 덕을 겸비한 K 선생님은 내가 그리는 한국의 어머니상이셨다. 나이 차는 얼마 나지 않았지만, 인식의 차이는 하늘과 땅 같았다. 그 후 신사임당을 흠모하듯 선생님을 흠숭하게 되었다.

두 분 선생님들의 사랑과 정성이 깃든 쑥개떡 뭉치를 녹여 손자들과 떡 만드는 체험을 했다. 싱글벙글 촉감 놀이하듯 고사리 손이 바쁘게 움직인다. 동글동글하게 새알을 만들고, 호떡 누르개로 살짝 누르니 크기가 일정하며 예쁘게 만들어졌다. 고마움을 오래 간직하고 싶어 일부는 냉동실에 보관하고, 조금만 쪘다. 평소 떡을 잘 먹지 않는 아이들이지만, 어찌나 맛있다고 잘 먹는지 먹방을 보는 것 같았다. 맛과 영양 만점의 우리 전통음식 문화의 소중한 체험으로 내 위상이 높아졌다.

  삶이 각박해지면서 마음을 터놓기가 쉽지 않은 세상이 되었다. 서로 보듬어주고 다독여주고 따뜻한 눈빛을 교환하는 선후배님이 계신다는 거 진정한 행복이지 싶다. 자애롭고 따뜻한 마음씨에 솜씨, 맵시, 말씨까지 아름다운 선생님들 덕분에 행복했다. 기품 있고 넉넉한 인자함이 돋보이는 두 분의 다함 없는 사랑을 가슴 깊이 새긴다.

(『중부매일』 2021. 11. 8)

세대교체

국민들이 관심을 두고 지켜보는 가운데 국회의원 경력도 없는 30대인 이준석 후보가 돌풍을 일으키며 보수 야당 당 대표로 선출되었다. 정당 역사상 30대 대표가 선출된 것은 처음이란다. 우리 정치의 '변화와 쇄신'을 요구하는 목소리가 분출된 것이리라.

정치에 문외한이지만, 선거 당일 TV 앞을 떠나지 못했다. 여론조사 예상대로 되었다. 다방면에 해박한 지식의 소유자인 줄은 알고 있었으나 공존과 변화를 강조하면서도 노래 가사를 인용, 샐러들 볼 정책, 스테레오타이핑 즉 '다움'에 대한 강박관념을 벗어던져야 한다는 수락 연설문에서 신선함과 영민함이 느껴졌다. 약자와 국민 그리고 나라를 위해 헌신하리라 믿는다.

우리 집에도 세대교체 바람이 불고 있다. 과년한 딸을 어린애 취급해 왔다. 사업에 좋은 의견을 제시해도 공감하기는커녕 무시했다. 자연 트러블이 잦았다. 정치 역사상 한 획을 그은 30대 기수론은 가정의 세대교체 바람의 우려도 불식시켰다.

10여 년 전이다. 전혀 예기치 못한 사고로 대퇴부가 골절되어 번아웃 증후군에 3년이나 시달렸다. 원예치료란 말이 있듯 꽃과 나무를 가꾸며, 좌절의 늪에서 빠져나올 수 있었다. 조경에 해박한 지식은 없어도 나무를 심고, 꽃을 가꾸다 보니 몸과 마음이 건강해진 것이다.

무아도취에 빠진 듯 정원 가꾸기에 정성을 쏟았다. 농작물도 그렇듯 화초들도 정성을 들인 만큼 보답한다. 황폐하던 나대지가 작은 숲을 이루며 주인에게는 물론 오가는 길손에게도 행복한 미소를 주었다.

도가 지나쳤나 보다. 세월이 흐를수록 식물의 종류와 수량이 많아져 아름답던 정원이 조잡스럽게 변해갔다. 보다 못한 딸이 급기야 정원 가꾸는 것을 자기에게 맡겨달란다. 엄마 아빠가 평생 도와줄 것 아니니 꽃과 나무를 모두 캐내어 심플하면서도 관리하기 쉽게 재배치한단다. 수긍은 가나 자존심이 허락하지 않아 반대했다. 딸도 작은 구멍가게라도 변화와 쇄신을 해야 살아남는다며 물러서지 않았다.

그러면서 요즈음 사람들은 아름다운 꽃이라도 잡다하게 많은 것보다는 다소 부족해도 깔끔한 것을 좋아한다고 노래를 부른다. 어느 날 아침에 보니 덩굴장미를 받치고 있던 영춘화를 주변과 어울리지 않는다며 모두 잘라내고, 석패랭이와 금계국도 모두 뽑아내 주차장 주위가 휑했다. 위기 극복과 도약을 위해서는 정리 정돈이 필수라고 하더니 영업 마친 후에 기어이 정원을 다듬은 것이다.

뒤통수를 한 대 얻어맞은 것처럼 멍했다. 내 노력과 땀의 결실이 하루아침에 물거품이 된 것 같아 분을 삭이지 못했다. 화를 내는 엄마에게 말대꾸도 못 하고 눈물을 찔끔거리는 딸을 보고서야 아차 싶었다.

코로나 팬데믹 이후 모든 국민이 힘들지만, 자영업자들은 벼랑 끝으로 내몰리고 있다. 야무지고 깔끔한 성격이라 부모 걱정할까 봐 힘든 내색도 하지 않는 속 깊은 아이이다. 혼자 고통을 감내하고자 분위기 쇄신을 위해 밤새워 작업한 것인데 칭찬은커녕 화를 내었으니. 미안하기도 하고 속도 아려 며칠 동안 눈도 마주치지 않았다. 지금 생각해보면 참 졸렬한 엄마였다. 아내와 딸의 중간에서 모녀지간 분란으로 이어질까 전전긍긍했을 옆지기에게도 미안했다.

일체유심조라더니 마음을 비우고 돌아보니 깔밋하다. 아기자기함은 사라졌지만, 정갈하다. 화단도 줄여 잔디를 심으니 정원도 한결 넓어 보인다. 심플하게 정리하니 마음마저 새뜻해졌다. 고객들 반응도 좋다. 그동안 마음고생이 무색하다. 고정관념이나 매너리즘을 타파해야 성장한다는 말이 실감 났다.

급박하게 돌아가는 현대사회에서 젊은 사람 머리를 따를 수 없다는 생각이 들었다. 하기야 굶기를 밥 먹듯 하고 살아온 세대와 풍족한 세상에서 부족함 없이 자란 세대와 생각의 차이가 나는 것은 당연한데 공연한 아집을 부렸지 싶다.

지혜로운 사람은 자신이 물러날 때를 안다고 했다. 공직에서만 해당하는 말은 아닌 것 같다. 가정생활이나 정치에서 나 아니면 안 된다는 식의 고집과 아집은 버려야 한다.

세대교체는 거스를 수 없는 자연의 순리다. 하지만, 모퉁이를 돌아가 봐야 거기에 무엇이 있는지 알 수 있듯 경륜과 연륜은 무시할 수 없다. 정원의 꽃도 관심과 사랑을 가지고 보아야 꽃의 모양, 향기, 색깔 등 특성을 알 수 있다. 하물며 국정을 이끌어가는 정치에서는 더 말해 무엇 할까.

세대교체는 하되 세대 간 격차를 서로 존중하고 인정하며, 동심 협력해야 한다. 빛으로 향하기 위해 반드시 지나야 할 곳은 바로 어둠의 터널이듯, 노인으로 가는 길목에 청년이 있고, 중년이 있는 것이다. 젊음은 노인으로 가는 길목임을 명심하면서 앞에서 끌고 뒤에서 밀어주며 상생 협력하면, 모두가 행복한 세상이 되지 않을까 싶다.

(『수필문학』 2021년. 8월호)

내가 가는 길이 꽃길

　어린 시절 몸이 약했다. 십 리가 넘는 학교를 걸어 다닐 수 없어 제 나이에 초등학교 입학을 못 했다. 엄마는 들로 일하러 나가시고, 오빠들과 친구들이 학교 가고 나면 혼자 있는 시간이 많았다. 가지고 놀 장난감은 없었고, 혼자서는 소꿉놀이나 어떤 놀이도 재미없었다. 자연스레 호기심은 산과 들에 피고 지는 꽃으로 향했다.
　시골의 봄을 알리는 개나리가 여린 마음을 달래주었다. 여름이면 잎이 넓어 시원하게 느껴지던 파초는 보기만 해도 힘이 솟았다. 봉숭아 꽃물을 들이려고 온 가족이 둘러앉았던 모습은 지금 생각해도 정겹다.

꽃에 대한 호기심은 여고에 입학하면서 애착으로 다가왔다. 청명원에는 시골에서 볼 수 없는 귀한 나무와 예쁜 꽃들이 즐비했다. 교무실 앞에는 수십 년 된 자목련과 백목련이 아름다운 자태를 뽐내고, 양지바른 화단에는 팬지, 데이지 등 키 작은 꽃들이 앙증맞게 피어 있었다. 멋스럽게 생긴 고사목에 둥지를 튼 능소화는 화려한 미소로 교정을 밝혀 주었다. 기이하게 생겨 더 위풍당당한 소나무와 향나무의 위용에 압도되기도 했다. 연못에는 고운 자태의 수련이 피는 등 시골 촌뜨기에겐 별천지였다. 사춘기 소녀의 마음을 사로잡은 아름다운 교정은 학교생활을 열심히 하게 하였고, 여고 3학년 때 공무원 시험에 합격하는 영광까지 주었다.

꽃에 대한 애정인지 철이 없는 것인지 신혼 초 셋방살이하면서도 꽃을 사들였다. 곁에서 보는 남편은 한심했겠지만, 꽃을 아끼고 좋아하다 보니 가정생활이나 직장생활을 더 즐겁게 하지 않았나 싶다.

7남매의 맏이는 모든 걸 다 끌어안아야 했다. 집안 대소사는 물론 시동생들 뒷바라지, 어머님의 오랜 병간호 등 운명으로 알고 열심히 챙기다 보면 지쳐 쓰러지기도 했다. 마음을 다스릴 수 있는 곳이 필요했다. 혼자 찻집에 가는 것도 모양새가 빠지는 것 같아 꽃집을 드나들었다. 예쁜 꽃들과 눈 맞춤하고, 식구로 하나 맞아들이면 나도 모르게 미소가 번지고 힘이 났다. 꽃은 삶에 찌든 내 마음을 정화해 집안을 화목하게 이끌게 하였고, 공직생활을 아름답게 마무리하는 데 일조했다.

 매년 찾아오던 꽃샘추위도 없이 봄이 성큼 다가왔다. 앙상한 가지를 배회하며 방랑자처럼 외롭던 겨울바람은 자취를 감추고, 포근한 봄바람에 정원의 꽃나무가 꽃망울을 키운다. 목마른 대지를 촉촉이 적셔주는 봄비가 내린다. 단비를 머금은 대지는 온갖 생명체들을 탄생시키기 위해 용트림을 한다. 죽은 듯 땅속에 묻혀 있던 수선화, 튤립, 무스카리가 꽁꽁 언 땅을 뚫고, 고물고물 입술을 비벼대며 하나둘 세상 밖으로 나온다. 복과 장수를 뜻하며, 봄의 전령으로 통하는 복수초도 수줍게 노란 꽃망울을 터트려 꽃말처럼 행복을 준다.

 작고 여린 꽃들의 강인한 생명력에 움츠러들었던 내 몸과 마음도 활짝 피어난다. 특히 튤립을 보고는 기쁨이 일렁였다. 그동안 화단에서 월동했으나, 땅이 푸서리 해서인지 간신히 꽃을 피우고 힘없이 스러졌다. 튤립이나 무스카리는 여름에 캐어 놓았다가 11월 초에 다시 심어야 다음 해에 튼실하고 아름다운 꽃을 볼 수 있다는데 무지했다.

 지난해는 장마가 시작되기 전에 캐어 양파 자루에 담아 지하실에 고이 보관했다. 장마 때 지하실에 물이 들어왔었으나 천장 가까이 걸어놓았기에 안심하고 있었다, 11월 초에 심으려고 보니 구근이 작아진 데다 그나마 몇 알 남지도 않았다. 마치, 일찍 사별하고 자식들을 위해 모든 것을 내어주고, 정작 당신은 남루한 빈 거푸집만 남기고 돌아가신 친정엄마 마지막 모습 같아 아릿했다. 안타까운 마음에 차마 버리지 못하고, 빈 쭉정이 같은 작은 구근을 정성스레 화단 곳곳에 심었다. 봄이 되니 여기저기서 보시시 고개를 내민다. 그 어느 해보다도 튼실하다. 환희롭다. 내 탄성에 무뚝뚝한 옆지기마저 놀란다. 고맙다고 말을 걸며 정성스레 쓰다듬어 주었다. 꽃은 마음을 부자로, 삶을 꽃길로 인도하지 싶다.

도심 속이지만, 정원의 배롱나무와 만병초에 새가 둥지를 틀 정도로 시골 같은 풍경이다. 자연이 주는 금빛 햇살, 맑은 공기와 시원한 바람을 마음껏 누릴 수 있으니 세상 부러울 게 없다. 자연을 벗 삼아 삶의 여유를 즐기는 맛 뉘 알까.

식물의 꽃뿐만 아니라 가슴속에도 아름다운 꽃을 피우고 있다. 정년퇴직 후 바로 자원봉사를 시작하려 했으나 뜻하지 않게 다리를 다쳐 주춤했다. 아쉬운 대로 손뜨개 봉사, 배 봉지 씌우기 등 이것저것 해보았으나 감당하기 힘들었다. 지난해부터 공무원 퇴직자들이 풍선아트 상록자원봉사대를 조직하고, 요양원과 노인 주간 보호센터에 정기적으로 자원봉사를 다닌다. 사랑의 꽃을 피우는 것이다. 몸은 고달파도 행복을 듬뿍 담아오는지 건강이 나날이 좋아지는 것 같다.

연일 미세먼지가 기승을 부리는데도 정원에서 풀 뽑고 화분

분갈이하느라 분주하다. 퇴직 후에 리모컨 가지고 토닥거린다는 친구들의 하소연을 듣는다. 힘은 들어도 매일 갈 곳이 있고, 할 일이 있다는 것이 얼마나 큰 축복인지 새삼 느낀다. 호기심으로 시작한 꽃 사랑! 내 삶을 곱고 고운 무지갯빛으로 물들이고 있으니 내가 가는 길이 꽃길이지 싶다.

(『수필문학』 2019년. 4월호)

못난이 배추

재래시장에 들어섰다. 겨우내 모진 추위와 역경을 이겨낸 색색의 봄꽃들과 봄동, 미나리, 달래 등 다양한 채소와 봄나물이 얼굴을 내밀고 있다. 예쁜 꽃들이 보내는 고운 미소에 입꼬리가 올라간다. 싱싱한 야채와 봄나물이 침샘을 자극한다. TV만 틀면 코로나19와 일부 공직자들의 부동산 투기 사건의 뉴스만 보다가 신선했다. 희망보다는 걱정과 허탈감이 밀려오고, 머리도 지끈거리며 가슴도 답답했는데 시장에서 봄꽃들과 봄나물을 보는 순간 신비하리만치 상쾌해졌다. 마법처럼 어머니도 떠오른다.

50~60년대에는 김장 김치가 겨울의 반양식이라고

김장을 많이 했다. 직접 농사지은 유기농 재료로 배추김치, 총각김치, 깍두기, 동치미 등 김치광에는 김치단지가 몇 개였는지 모른다. 배추김치도 지금처럼 열 포기 스무 포기가 아니라 세 접에서 다섯 접까지 했다. 어머니 혼자 팔 남매 키우느라 곤궁하나, 더 어려운 이웃들과 베풂과 나눔을 위해 푸짐하게 했다.

몸이 약해서 십 리가 넘는 학교를 걸어 다닐 수 없었다. 제나이에 초등학교에 입학하지 못한 나는 어머니 뒤꽁무니만 졸졸 따라다녔다. 배추밭에 갔다. 속이 꽉 찬 배추는 어린 눈에도 보기 좋았는데 어머니는 얼마나 흡족하셨을까. 공연히 신이 났다. 망아지처럼 밭고랑을 뛰어다녔다. 군데군데 이빨이 빠진 것처럼 지지리 못난이 배추도 있었다. 어딘지 나와 닮은 듯해 안쓰러웠다. 쪼그리고 앉아 어디 아프냐고 쓰다듬었다. 한날한시에 태어난 손가락 길이와 쓰임새가 다 다르듯 식물도 마찬가지란다. 그래도 유용하게 쓰일 때가 있으니 걱정하지 말라고 하셨다.

먹을 것도 귀했지만, 솜씨 좋은 어머니의 김치 맛은 일품이었다. 김칫국, 김치전, 김치만두 등 무얼 해도 맛이 좋았다. 직접 기른 콩나물에 김치 몇 쪽, 멸치 몇 마리 넣고 끓이는 콩나물국의 시원함은 지금도 잊을 수 없다.

겨우내 먹은 김치에서 군내가 나는 삼월이면 어머니는 배추밭으로 가셨다. 겨울 동안 눈과 비, 매서운 바람을 고스란히 맞아 더 못난이가 된 지스러기 배추와 부추를 뽑아 오셨다. 얼었던 겉

껍데기는 된장국을 끓이고, 고갱이는 부추를 넣어 겉절이를 만들어 주셨다. 못난이 배추의 아삭하고 고소한 맛과 부추의 달짝지근한 맛은 까칠했던 내 입맛을 사로잡았다. 어린 마음에도 환상의 궁합이란 생각이 들었다. 영양가도 높지만, 봄철 떨어진 입맛을 돋워주는데 최고였지 싶다.

　못난이 배추는 아니지만, 봄동에 오이와 달래를 넣고 겉절이를 만들었다. 참기름과 깨소금을 듬뿍 넣고 갖은 정성 다했으나 어머니의 손맛을 낼 수가 없다. 딸들은 어머니의 손맛을 대물림한다고 하는데 언니들과 달리 나는 전혀 아니다.

　솜씨도 그렇지만 지혜도 어머니를 따를 수 없다. 친구들은 학교 가는데 집에만 있어 의기소침한 내게 틈틈이 한글을 가르쳐 주셨다. 어머니는 외삼촌이 독선생에게 글을 배울 때 어깨너머로 익혔단다. 남달리 총명하여 직접 배우는 외삼촌 못지않게 글을 익힌 것이다. 그래서인지 여느 노인들과 달리 한글과 한문 실력이 보통 수준을 넘었다.

　성공한 사람과 불행한 사람의 차이는 위축되지 않는 자신감의 차이라고 한다. 이는 인생을 살아가는 가치관이나 삶의 방식이 다름을 의미하지 싶다. 등나무는 굽은 것이 멋있고, 대나무는 속이 비어야 제 모습이듯이 존재하는 모양이 각기 다르고, 삶의 무늬 또한 다양하다. 공연히 자기의 삶을 남과 비교하기보다는 내 삶의 주인공은 나라는 믿음으로 매일매일 발전된 삶을 살아야 한다.

하늘이 주신 하루라는 선물에 최선을 다하지만, 그래도 삶이 고달프고 힘들 때는 로버트 슐러의 명구를 되새겨 본다.

> 절벽 가까이 나를 부르셔서 다가갔습니다.
> 절벽 끝에 더 가까이 오라고 하셔서 다가갔습니다.
> 그랬더니 절벽에 겨우 발을 붙이고 서 있는 나를
> 절벽 아래로 밀어버리는 것이었습니다.
> 물론 나는 그 절벽 아래로 떨어졌습니다.
> 그런데 나는 그때까지 내가 날 수 있다는 사실을 몰랐습니다.
>   - 로버트 슐러

이 세상에는 각자의 쓰임새가 따로 있다는 어머니 말씀을 가슴 깊이 새기며, 남들과 비교하지도 열등감에 빠지지도 않았다. 못난이 배추가 겨울 배추밭을 지키듯 나 또한 빛을 발휘했다. 만약, 내가 제 나이에 입학 못했다고 자괴감에 빠져 있었다면, 오늘의 나는 없었을 것이다. 나는 나라는 자부심과 자긍심을 가지고 살아왔기에 가슴 뛰는 일도 있었지 싶다.

입학은 늦었지만, 한글을 배우고 입학해 용의 꼬리가 아니라 뱀의 머리가 되었다. 자존감과 긍정적인 사고를 심어준 다섯 손가락의 가르침은 내 삶의 지표가 되었고, 공직생활이나 사회생활을 모범적으로 할 수 있었다. 궁핍함 속에서도 나눔과 베풂을 생활화한 어머니의 공덕으로 오늘의 내가 있지 싶어 늘 감사한 마음이다.

(『중부매일』 2021. 3. 29)

국화 옆에서

　설레는 마음으로 정문에 들어섰다. 우뚝 선 전망대가 눈에 들어온다. 가을을 물들인 담쟁이와 바람의 자전거가 맞이한다. 꿈 많은 여고 시절, 시골에서 흔히 보고 듣던 국화꽃, 소쩍새, 천둥, 먹구름, 누님, 무서리 등 일상적인 언어로 고통과 시련을 이겨내고 정신적 성숙을 표현한 시 「국화 옆에서」는 희망의 메시지 같았다. 몇십 년 가슴에 품었던 시인의 생애를 돌아볼 수 있는 미당시문학관 탐방은 고창읍성, 신재효 고택, 판소리박물관, 선운사를 관람할 때와는 전혀 다른 떨림으로 다가왔다.

　미당시문학관은 시인의 고향인 전라북도 고창군 부

안면 선운리에 있다. 폐교를 리모델링해 2001년 가을 개관하였다고 한다. 큰길에서도 한눈에 보인다. 전망대는 기존건물 사이에 좁고 높다란 5층 건물을 새로 올린 거란다. 담쟁이덩굴이 콘크리트 벽을 뒤덮고 있다. 매우 운치가 있다. 식물이 주는 따뜻한 감성이 더해져 기존 건물처럼 전통 있는 학교의 옛 느낌이 그대로 전해졌다.

20세기 우리나라 최고의 시인 중 한 사람인 미당 서정주의 문학과 생이 응결된 곳은 어떤 곳일까. 호기심 가득 머금고 안으로 들어갔다. 전시실, 세미나실, 서재 재현실, 전망대 등 짜임새 있게 구성되어 있다. 2013년 대대적인 보수로 새롭게 단장하였다고 하더니 매우 깨끗하고 정갈했다.

시와 사진 등이 있는 첫 전시실을 돌아보고, 세미나실에서 바람의 시인을 영상으로 만났다. '나를 키운 것은 팔 할이 바람이다.'라고 소개한 시인의 삶과 인간적인 모습에 감탄하며, 학예연구사의 각 실, 복도, 계단에 진열되어 있는 작품 해설을 하나도 놓칠세라 귀 기울였다. 시인의 서울 자택 서재를 재현한 서재 재현실에는 운보가 그린 시인의 초상화, 박노수 화백의 시화, 거문고, 친필이 들어 있는 도자기 등이 있어 시인의 향기를 느낄 수 있었다. 육필원고와 작품집, 선생이 생전에 쓰던 지갑, 수첩, 모자, 여권, 시계에 담뱃대까지 그의 소장품 5천여 점이 전시되어 있다. 한 시대를 풍미한 시인으로 추앙받던 미당의 인간사가 그대로 담겨 있는 것이다.

미당 선생은 1936년 동아일보 신춘문예 벽(壁)이 당선되면서 본격적으로 문학 활동을 시작해 끊임없는 모색과 변모와 성취로 15권의 시집을 출간한 우리 역사상 유례없는 다작의 위업을 남긴 분이다. 유종호 문학평론가는 미당은 무잡한 다산성(多産性)이 아니라 정치(精緻)하고 세련된 다산성으로 어느 것 하나 버릴 것이 없는 한국에서는 '단군 이래 최대의 시인'이라고 했다. 그 호칭에 걸맞게 1,000여 편의 시를 남겼다고 하며, 부족 방언(部族 方言)의 순화에 기여한 공로는 아무리 강조해도 지나치지 않다고 했다.

전시된 물품을 톺아보며 오르다 보니 옥상 전망대이다. 마을 앞에는 넓은 들판과 함께 서해가 시원하게 펼쳐져 있고, 마을 뒤에는 소요산이 병풍처럼 둘러싸여 있다. 바다가 없는 육지에서 그것도 산다운 산 하나 없는 밭떼기만 있는 들판에서 자라서인지 산자수명한 산세와 멀리 보이는 바다가 가슴을 시원하게 뚫어주는 것 같았다. 아름다운 자연풍광은 아무 말이나 붙들고 놀리면 그대로 시가 된다는 천재 시인의 창작 샘물이 되지 않았나 싶다.

미당시문학관에는 선생의 친일문학 활동이나 모 대통령의 생일을 기념하는 축시까지 있는 그대로 보여주고 있다. 그의 행적에 이런저런 비판도 없지 않다. 하지만, 20세기 우리나라와 같이 척박하고 파란 많은 사회에서 한길로 정진해 전례 없는 성취를 보여준 재능은 존경받아 마땅하다.

세월은 그리움을 반음씩 올린다. 여고 시절, 시 낭송을 멋지게 하는 국어 선생님 눈에 들기 위해 주옥같은 시를 참 많이 외웠었다. 고독과 향수가 아롱진 소박 하고 부드러운 노천명의 시나 아름다운 시어의 소월 시가 마음을 사로잡았다. 하지만, 미당의 「국화 옆에서」를 가장 애송했다. 어렵게 고등학교 입학을 하였지만, 가난으로 졸업은 불투명했다. 마음고생이 심한 상황에서 젊음의 온갖 시련을 거쳐 지니게 된 성숙한 삶의 고요한 아름다움을 느끼게 한 「국화 옆에서」는 알게 모르게 내 가슴을 파고들었다.

시문학관 표지석 앞에서 「국화 옆에서」를 외워본다. 여고 시절이 떠오르고, 고향 집 가을 뜨락이 그려진다. 주위를 환하게 밝혀 주던 해바라기와 노란 국화꽃이 고운 미소를 보내온다. 불타는 학구열에도 대학 진학을 포기하고, 공무원 시험을 보는 딸을 안타깝게 바라보던 어머니의 눈빛도 아른거린다. 오매불망 꿈에 그리던 대학교를 옆지기의 박사학위 끝난 다음 해에 40이 넘어 진학하는 딸을 애틋하게 바라보던 어머니! 지금은 볼 수 없어 애석하다.

찬란하게 눈부신 가을 햇살을 받은 싱그러운 국화꽃, 가을꽃 대명사 국화꽃은 그리움이다. 가을이면 일렁이는 그리움 찾아 길을 떠난다. 청남대 국화축제, 익산시의 천만 송이 국화축제 등 여기저기 기웃거린다. 형형색색의 국화로 멋지게 표현한 다양한 작품들을 보면서 지나온 삶을 성찰하고, 앞으로의 삶을 고찰해 본다. 삶이 곧 아름다움임을 만끽한다.

(『중부매일』 2019. 11. 22)

4

느린 우체통

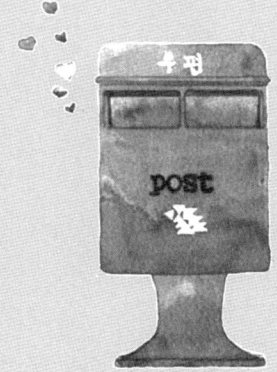

인생 이모작

생냥머리 건들마에 새색시 같은 과꽃이 수줍은 미소를 보낸다. 청초한 쑥부쟁이가 함초롬히 피어나 뜨락에 꽃물 들인다. 강인한 생명력을 과시하듯 정열의 계관화가 아름다운 자태를 뽐낸다. 지고지순한 사랑을 동경하며 하늘을 향해 목을 길게 내밀고 있는 해바라기는 왠지, 우물 안 개구리를 탈피하고 싶은 내 마음을 대변하는 듯했다.

내가 태어나고 자란 시골집 뜨락은 그리 크지 않았지만, 봄부터 가을까지 꽃이 피어 있었다. 어머니를 비롯해 오빠들까지 모두 꽃을 좋아해 주위에서 꽃집이라 불릴 정도로 많은 꽃을 가꾸었다. 아기자기한 사랑이

속살거리는 꽃 뜨락이 놀이터였기 때문일까. 지금도 꽃이 없으면 가슴 한구석이 휑뎅그렁하다.

  인간은 누구나 다 행복한 삶을 꿈꾼다. 경제적 자유, 자신의 꿈 실현, 가족 간의 사랑과 화합 등 행복의 기준은 제각각 다르다. 내가 꿈꾸는 삶은 돈도 명예도 아닌, 한적한 시골의 아기자기한 정원이 있는 집에서 온갖 화초를 기르며, 꽃 속에 묻혀 사는 것이다. 가끔은 도시 생활에 지친 친구들이나 옛날 동료들이 마음 놓고 쉴 수 있는 마음의 고향, 어머니의 품속과 같은 사랑과 우정이 넘치는 집, 조금 욕심을 부린다면 가족들이 먹는 채소 정도는 길러 먹을 수 있는 텃밭이 있었으면 싶다.

  오래전부터 퇴직 후의 삶을 위해 야생화 등 각종 화초를 하나둘씩 사들였다. 꽃 하나 살 때마다 행복이라는 벽돌을 차곡차곡 쌓는 마음 때문인지 할머님까지 4대가 살았지만 언제나 웃음꽃이 피었다. 할머님과 어머님이 하늘나라로 가시고, 옆지기와 아이들이 아파트로 이사하기를 원했다. 하지만, 수많은 화분 때문에 엄두도 못 내었다. 재테크도 할 줄 몰라 한집에서 26년을 살았다. 그동안 몇 번의 대수선을 하였으나 또 수리할 때가 되었다. 수리비가 만만치 않아 고민되었다. 아이들이 이참에 아파트로 이사하자고 조른다. 더 버틸 명분이 없어 정든 집과 자식 같은 화초와 헤어지기로 했다.

  묵은 집에 살다 새로 지은 아파트로 이사하니 깔끔하고 잘 정돈된 데다 작지만, 실내 화단도 두 개나 있어 이별의 아픔을 다독여 주었다. 만물이 소생하는 봄이 되자 화원은 물론 시장에도 꽃들의 잔치가 벌어졌다. 화사한 봄꽃들이 애교를 떠는데 넘어가지 않을 재간이 없다. 하나둘 사들이다 보니 또 수백 개가 되었다. 야생화는 햇볕도 중요하나 비, 바람을 맞히며 바깥에서 키워야 한다. 그런데 아파트 안에서 키우니 병들고 죽어 나가는 것이 많았다.

하루속히 단독주택으로 이사하고 싶어도 불의의 사고로 다리를 다쳐 몇 년 고생하고 나니, 선뜻 용기가 나지 않아 주춤거렸다. 아파트의 편리함에 익숙해지면서도 평소에 동경하던 전원생활을 하고자 하는 마음은 점점 더 똬리를 틀었다.

고심 끝에 한적한 시골은 아니지만, 아파트와 조금 떨어진 도심지 외곽에서 꽃을 심고, 채소도 기르는 인생 이모작을 계획했다. 헌 집은 카페로 리모델링하여 딸이 운영하고, 정원을 만들어 우리 내외가 관리하기로 한 것이다. 아기자기한 정원에서 삶에 촉촉한 향기를 주는 꽃을 기르며, 독서와 글을 쓰는 안빈낙도의 삶은 생각만으로 설레었다.

텃밭을 정원으로 만들고 감나무, 블루베리, 왕보리수나무, 자두나무를 비롯한 유실수와 박태기, 능소화, 배롱나무, 덩굴장미 등으로 사계절 꽃을 볼 수 있게 골고루 심었다. 앵초, 금낭화, 자란, 뻐꾹나리 등 야생화를 비롯해 오이, 상추, 호박, 토마토,

고추 등 채소도 파종했다. 한적한 들길을 가다가도 함함히 피어 있는 들꽃을 보고 행복해했는데 내가 직접 가꾸고 보살피니 그 사랑스러움 말로 표현할 수가 없다.

어머니 품속처럼 포근하고 아늑한 뜰 안에 가득 피어 있는 예쁜 꽃들과 눈 맞춤하다 보면 하루해가 짧다. 나무와 식물을 키우면서 계절의 변화에 어울리도록 몸단장하는 부지런함과 모든 것을 내어주는 고마움 등 많은 것을 배운다. 하루가 다르게 녹음의 깊이를 더해가는 정원을 서성이다 보면 머리까지 맑아진다. 자연과 더불어 건강하게 숨 쉴 수 있다는 사실에 가슴 활짝 열고 행복을 음미한다.

철학자 칸트는 행복의 조건은 '할 일이 있고, 사랑할 사람이 있고, 희망이 있다면 그 사람은 지금 행복한 사람이다.'라고 했다. 나무와 꽃을 심고, 잡초 뽑는 등 태어나서 처음 해보는 일들이라 몸은 고달픈데도 마음은 여유롭고 날아갈 것처럼 가볍다. 구름 사이로 얼핏 보이는 태양처럼 밝음과 환희, 활력과 생기가 넘쳐났다. 행복지수가 나날이 높아졌다. 할 일이 있으니 퇴직 후 나태해졌던 몸과 마음이 조여지는 것이 10년 전으로 돌아간 느낌이다.

사소한 일에도 감사가 넘치면 행복은 계속해서 그곳에 둥지를 튼다고 한다. 감사하고 행복한 마음으로 하루를 시작하니 몸도 마음도 건강해지는 것 같다. 게다가 카페 온 손님들이 꽃이 예쁘다면서 사진을 찍으며 미소 지을 때는 행복이 배가 된다.

　어릴 때부터 꿈꿔왔던 꽃을 기르고 정원을 가꾸는 인생 이모작, 몸은 고달파도 마음은 행복으로 가득하다. 행복이란 일과 취미가 적당히 조화된 속에 존재하는 삶의 향기이며, 예술처럼 아름다운 삶의 즐거움이란 생각을 해본다.

(『수필문학』. 2020년. 1·2월호)

느린 우체통

코스모스는 꽃의 여신 플로라가 이 세상을 아름답게 만들기 위해 처음으로 만든 꽃이라고 한다. 가을 초입에 피는 이 꽃은 앳된 소녀처럼 바람이 살짝만 스쳐도 하늘거리는 품새가 유년 시절을 떠올리게 만든다.

유년 시절 고향에선 가을이면 어디를 가든 코스모스 꽃을 볼 수 있었다. 하늘거리는 몸짓으로 해 질 녘이면 일에 지쳐 돌아오던 어른들을 반겼고, 학교에서 돌아오는 어린 학생들 손길에 꺾임을 당하기도 했다. 나도 예외는 아니어서 가녀린 꽃가지를 손아귀 가득 꺾어 들고 들어와 병에 꽂아 책상 위에 올려놓으면 방 안이 환했다. 그뿐만이 아니다. 마을 입구에 들어서면 이웃들이 만들어 놓은 크고 작은 꽃밭에도 백일홍, 맨드라미와 과꽃이 핀 고샅길은 한 폭의 그림처럼 고즈넉했고, 소녀는 그 풍경을 무척 좋아했다.

가을만 되면 유년 시절이 그리워 코스모스 꽃길을 찾아 나서게 된다. 그중에서도 내가 으뜸으로 꼽는 곳은 생명의 중심, 풍요의 고장, 청주시 오창읍에서 2008년부터 열리는 청원생명축제이다. 멀리 가지 않고 축제도 관람하고, 향수병도 달랠 수 있어 일거양득이다. 코스모스를 비롯해 온갖 꽃은 물론 다양한 볼거리, 먹을거리로 신바람을 일으킨다. 공연과 체험 부스가 점점 늘어나 모두가 한데 어울리는 놀이 한마당은 해가 갈수록 점입가경이다.

지난해에는 풍선아트 자원봉사로 뜻깊은 축제를 보냈다. 처음엔 흥미를 끌지 못하면 어쩌나 걱정했으나 생각 외로 인기가 높았다. 칼, 모자, 꽃, 곰돌이 등 예쁘게 만들어진 풍선을 본 어린이들부터 어른들까지 줄을 서서 기다렸다. 열댓 명이 만들어도 감당하기 힘들 정도로 사람들이 몰려들었다. 뜻밖의 인기에 기쁘면서도 미처 만들어대지 못해 민망했다. 그래도 사람들은 수고한다고, 또는 고맙다며 밝은 미소를 보내 주었다. 단원들은 팔이 아프도록 풍선에 펌프질하면서도 행복 바이러스를 전파하고 있다는 긍지와 자부심으로 가득했다.

봉사를 마치고 축제장을 돌아보는데 힘듦과 달리 발걸음은 가벼웠다. 볼거리가 많아서 여기저기 기웃거리는데 느린 우체통이 발걸음을 멈추게 했다. 느린 우체통은 시간에 쫓기고 빠른 속도에 익숙해진 현대인에게 손 편지의 감동, 느림과 기다림의 미학을 전해주는 특별한 우체통이다. 일반 우체통에 넣은 우편물은 며칠 내로 전달되지만, 느린 우체통에 넣은 우편물은 6개월이나 1년 뒤 적어둔 주소로 배달해 주는 것이다. 뉴스나 드라마에서 보고 듣긴 했지만, 직접 눈으로 보는 것은 처음이라 호기심이 컸다. 비치된 엽서에 써도 되고, 편지지에 써도 되나 일행들이 있어 엽서에 간단히 쓰기로 했다.

내가 손 편지를 써 본 건 20년 전이다. 군에 간 아들에게 가족의 안부와 위로를 보내기 위해 편지를 보내면, 아들 녀석도 군에서 일어나는 소소한 일들을 보고하듯 써서 어미를 걱정으로부터 놓여나게 해 주었다. 그런 이후 처음인 것 같아 설레는 마음으로 펜을 들었다. 갑자기 쓰려니 무슨 말을 써야 할지 잠시 생각에 잠겼다.

가족들의 건강과 행복을 기원하고, 나 또한 지속해서 봉사활동을 할 수 있게 해 달라는 염원과 국가의 안녕과 발전을 기원하는 마음을 담았다.

올해에도 청원생명축제를 가려고 집을 나서다 우편함을 열어 보니 지난해 보낸 엽서가 기다리고 있었다. 일 년 전 행복을 그대로 느낄 수 있어 감동을 자아냈다. 지난해에는 얼떨결에 쓰게 되어 몇 줄 쓰지 않아 아쉬웠다. 이번엔 조금 더 구체적으로 잘 써야겠다고 다짐하며 발걸음을 재촉했다.

행사장 안으로 들어서자 청원생명축제의 상징인 농부 조형물, 신랑·신부 조형물, 아이들이 좋아하는 백설 공주와 디즈니 캐릭터가 환영한다. 생명의 화원엔 예년과 다름없이 코스모스를 비롯하여 각양각색의 꽃을 가꾸어 놓았다. 아름다움에 감탄사가 폭죽처럼 터져 나왔다.

생명농업관은 색색의 안개꽃 드라이플라워가 인상적이다. 다양한 품종의 양란이 은은한 향기로 유혹하고, 우리 농산물인 마늘과 옥수수도 작품으로 변신해 친근하게 다가와 기쁨을 준다. 손이 많이 가지 않고, 공기정화 능력이 뛰어나 인기 절정인 다육식물이 인테리어 액자로 변신했다. 화려하지 않으면서도 명품이란 생각이 들었다.

형형색색의 아름다운 꽃들은 사람의 마음을 행복으로 녹여낸다. 연인, 친구, 가족 단위로 행복한 모습을 담느라 여념이 없다. 나도 인증샷 하나 찰칵 찍었다. 밝고 화사했던 얼굴은 어디 가고, 주름지고 낯선 할멈이 나타나 얼른 삭제했다. 세월은 내 몸 이곳저곳 하다못해 얼굴까지 낯설게 한다.

선조들의 삶을 엿볼 수 있는 물레방아, 물레, 우마차, 쟁기 등 농기구를 돌아보며 돌아가신 부모님 얼굴도 그려보았다. 원목으로 생활용품 만드는 목공체험, 꽃과 나무를 심고 가꾸는 게릴라

가드닝 체험 등 여러 가지 체험을 즐기고, 인삼, 더덕 같은 품질 좋은 친환경 농산물을 시중보다 저렴하게 구매하니 부자가 된 듯 마음이 뿌듯했다. 즐거움과 감동이 넘쳐나는 청원생명축제는 삶에 지친 시민들의 치유와 힐링을 위한 축제이지 싶다.

행복한 마음을 남기고 싶어 느린 우체통을 찾았으나 보이지 않았다. 안내요원에게 물어보니 올해는 없다고 한다. 이용자가 없어서인지 주최 측의 사정 때문인지 알 수 없지만, 허전한 마음 금할 길 없다.

아무리 먼 거리도 휴대전화, SNS, E-mail 등으로 서로의 소소한 소식까지 빠르게 전달할 수 있는 정보화 시대이지만, 정성이 담긴 손 편지가 주는 감동만 할까. 받는 사람의 마음마저 헤아려 정성 들여 쓴 편지 한 통에서 묻어나는 향기는 그 어떠한 말보다 따뜻하고 소중하다고 본다. 가을이 무르익어 가니 따뜻한 손 편지가 더욱더 그립다.

(『중부매일』. 2019. 10. 18)

초겨울 풍경

　공직에서 정년퇴직 후 사진작가로 활동하고 있는 지인이 카톡으로 보내온 단풍의 아름다움에 매혹되었다. 지인은 사진을 찍을 때마다 내게 보내주곤 한다. 오늘 보내 준 사진 속 단풍은 그의 혼이 깃들어 있어서인지 유독 마음을 사로잡았다. 영월 동강, 인제 자작나무 숲, 영동 물한계곡, 문경새재, 내장산 등 전국 명승지의 꽃보다 아름다운 단풍은 온 산을 단청으로 채색했다. 알베르 카뮈의 '가을은 모든 잎이 꽃으로 변하는 제2의 봄'이라는 말이 실감 났다.
　코로나19로 지난해부터 나들이 한번 가지 못했다. 모든 행사는 취소되었고, 옆지기와의 둘만의 여행도 걱정스러워 자제했다. 카톡으로 날아온 아름다운 단풍의 향연에 엉덩이가 들썩였다. 손자들 케어 때문에 멀리는 갈 수 없어 미동산 수목원으로 향했다. 안타깝게도 철이 지났다. 겨울이 가을을 밀어내고 있었다. 산 위에서 휘돌아 내려오는 바람은 매섭고 공기는 차가웠다. 형형색색 곱게 물들었던 단풍은 어느새 추풍낙엽이 되어 여기저기서 나뒹굴고 있다.

잔뜩 기대했는데 훨훨 벗은 나목만 보였다. 간신히 매달려 있는 몇몇 잎새만이 겨울을 재촉하는 찬바람에 달그락거린다. 낙엽 쌓인 호젓한 길을 밟아보았다. 정감 있고 운치가 가득했다. 단풍은 보지 못했어도 수목원이 주는 편안한 풍경에 마음이 안정되었다.

세월은 자기 나이만큼의 속도로 달려간다더니 새삼 실감이 난다. 코로나19로 집에만 있어 한해를 송두리째 빼앗긴 기분인데도 일흔에 접어들었다. 기분이 묘하다. 일흔이란 단어가 생소하게 느껴진다. 언제 하느님의 부름을 받을지 모르지만, 몸도 마음도 건강하였으면 싶다.

겨울로 가는 길목에 접어드니 40여 년 전에 수를 놓아 만든 액자가 소중하게 느껴진다. 나뭇잎이 모두 떨어진 초겨울 풍경이지만, 호수를 끼고 있어 운치가 있다. 잿빛 하늘에 겨울을 재촉하듯 앙상한 가지만 남은 회갈색 나무만 있는데도 역동감과 생동감이 넘쳐 보였다. 자수인데도 유화 같은 분위기가 마음을 사로잡았다.

옛날이나 지금이나 내 집 마련은 모두가 꿈꾸지만, 쉽지 않다. 서민 아파트 5층에서 여섯 식구가 복닥거리며 살다가 2층 양옥집을 사게 되었을 때의 기쁨 어찌 말로 다 표현할 수 있을까. 신바람 난 아이들보다도 할머님과 어머님의 기뻐하시던 모습은 지금도 눈에 선하다.

예전에는 인테리어라야 예쁜 커튼에 그림이나 사진, 서예 작품 거는 것이 전부였다. 니들포인트로 액자도 만들고, 동양화, 세한도, 서예 작품도 구입해 걸어보았으나 어딘지 모르게 허전해 보였다. 마음에 드는 그림을 찾아 발품을 팔았다. 어느 수예점에서 '초겨울 풍경' 자수 샘플러를 만났다. 동양자수도 아니고, 십자수도 아닌 것으로 보아 유럽 자수인 듯했다.

첫눈에 반해 꼬박 일 년을 밤잠 설쳐가며 수를 놓았다. 할머님과 어머님을 모시다 보니 주말이면 형제들뿐만 아니라 이모님, 고모님, 집안 어르신들도 많이 오셨다. 어느 때는 내 몸이 열이라도 부족했다. 주말도 시간이 되지 않아 퇴근 후 아이들 재우고, 밤 10시가 넘어 수를 놓기 시작하면 보통 12시가 넘었다.

드디어 완성되었다. 아등바등 노력하였기 때문에 완성의 기쁨이 클 줄 알았는데 섬세함과 세련미가 돋보이는 동양자수와 다르게 허술해 보였다. 층층시하에서 이 눈치 저 눈치 보며, 잠자는 시간을 줄여 한 땀 한 땀 정성 들인 공이 무색했다.

복숭아꽃이나 목련처럼 화사하거나 우아하진 않아도 위엄이 있어 보였는데 설핏설핏하다. 나뭇잎 떨어진 앙상한 가지가 찬바람에 떨고 있는 듯한 분위기가 스산하기만 했다. 그런데다 TV에서 풍수 인테리어 전문가의 방송을 보고 더욱 난감했다. 집 안에는 운의 흐름을 바꾸는 풍수 인테리어가 좋단다. 금전 운을 높여 준다는 해바라기, 재물과 행운이 들어온다는 사과, 재물과 명예를 상징하는 모란꽃 등 많은 그림이 나오는데 내가 만든 초겨울 풍경 자수 액자는 그 어디에도 속하지 않았다. 속 끓이는 나와는 달리 옆지기는 유화보다 훨씬 더 멋지다며 매우 흡족해했다.

몇 년 전 새로 지은 아파트로 이사하면서 동양화, 유화, 니들포인트로 만든 액자까지 모두 버리고 왔다. 끈기와 노력의 대명사가 된 초겨울 풍경 자수 액자는 차마 버릴 수가 없어 가져왔다. 효용 가치를 높이고 싶어 배첩장 장인에게 표구를 다시 했다. 한결 멋스러워 보였다.

눈만 뜨면 마주하는 초겨울 풍경 자수 액자, 세월이 흐를수록 정이 간다. 두 살과 네 살이었던 아이들이 성인이 되는 과정을 지켜보았고, 치매로 내 속을 끓였던 할머니, 8년 동안 병상에 계셔서 가족들을 애태웠던 어머니까지 우리 가족의 기쁨, 아픔 등 일거수일투족을 고스란히 품고 있다.

40여 년의 세월이 흐른 지금 할머님과 어머님은 영면하셨고, 조글조글 할머니가 된 나와는 달리 기세등등하다. 아무리 세월이 흘러도 처음 그대로의 초겨울 풍경을 유지하고 있다. 부럽다. 사람도 어느 선까지만 늙을 수는 없을까.

　언제나 변함없는 모습이 생기를 돋우고, 은은한 향기가 느껴진다. 세월이 가져다준 선물, 여유로운 마음 때문인가. 호수에서는 물고기가 유유자적 노니는 듯하고, 산새들의 소곤거림도 들리는 듯하다. 마음이 평화롭다. 보면 볼수록 정이 간다. 시나브로 초가을 풍경 자수 액자가 행복을 주는 애장품이 되었다.

(『수필문학』. 2021년 1,2월호)

해포 이웃 무심천

　미래의 비전은 제시 못 해도 과거의 포로는 되지 말아야 하는데 유년 시절의 아련한 그리움이 꽃처럼 피어난다.
　칙칙폭폭 기적소리를 내며 무심천 철로 위를 달리는 기차가 마냥 신기했다. 한 칸 두 칸 세다 보니 기차는 아스라이 멀어졌다. 유유히 흐르는 무심천 위를 달리는 기차를 아슬아슬한 곡예를 보는 듯 조마조마하며 지켜보던 기억이 새롭다.
　오지마을의 소녀에게 무심천 철로 위를 달리는 기차, 홈플러스 성안점 자리에 있던 고속버스터미널, 활기 넘치는 서문시장은 신세계였다. 눈요기만으로도 신나고 즐거웠다. 올케언니가 사준 풀빵 한 봉지에 감격했다. 요즈음 아이들은 이해 못 할 촌극이지 싶다.

55년 전 중학교 때이다. 지금의 무심천 롤러스케이트장 부근 제방 밑에 신혼살림을 차린 오빠 집에 놀러 갔다가 인생의 전환점을 맞았다. 초등학교 수학여행 때 한번 본 기차를 집 앞에서 보니 꿈을 꾸는 듯했다. 철로 위를 걷는 것은 서커스 공연을 보는 듯 흥미진진했다. 사직동에서 시내를 가려면 서문 다리를 건너야 하나 철로를 이용하며 스릴을 즐겼다.

자가용이 없을 때이니 청주 시내 곳곳을 걸어 다녔다. 어느 날 충북의 수재들이 다니는 학교라며 지금의 한국은행 자리에 있던 청주여고에 데리고 갔다. 중학교도 감지덕지했기에 고등학교 진학은 꿈도 꾸지 못했었다. 등을 토닥여주며 열심히 공부해서 합격하라는데 감격했다.

정작 청주여고에 입학했을 때는 시청 인근에 있던 청주역이 우암동으로 이전해 기차는 볼 수 없었다. 아쉬움을 청주의 젖줄 무심천이 고운 빛으로 다가와서 달래주었다.

무심천은 청주시 흥덕구 운천동 지역에 사찰이 많아서라는 설이 있고, 고려 말 대 선사이신 백운화상의 무심가에서 유래되었다는 설도 있다. 무심(無心)의 공덕 때문일까. 예나 지금이나 무심천은 안정과 평화를 주기도 하고, 희망을 몽실몽실 피워내기도 한다.

고갯마루도 별로 없는 허허벌판에 살다가 도심 속을 유유히 흐르는 무심천과 우암산은 새로운 세상 같았다. 바라만 보아도 정신이 맑아지고 마음에 위안이 되었다. 도시 생활의 두려움과 외로움을 극복할 수 있는 용기도 주었다.

봄에는 파릇파릇 돋아나는 새싹들이 반겼고, 여름엔 시원한 바람이 더위를 식혀주었다. 흰 구름 조용히 일었다가 사라져 가는 청명한 가을 하늘이 그리는 그림은 텅 빈 가슴을 핑크빛으로 물들게 했다. 하얗게 눈 덮인 고요한 겨울 풍경은 겸허한 자세로 살아가라는 지혜를 주었지 싶다.

여고 시절 무심천은 떼려야 뗄 수 없는 불가분의 관계처럼 이사하는 곳마다 5분 거리에 있어 숙명처럼 내 삶 깊숙이 스며들었다. 수업료 납부 기한을 넘겨 행정실에 불려가도 나보다도 더 걱정하고 있을 엄마와 오빠들을 너무 잘 알기에 집에는 말도 못 하고 가슴앓이했다. 온종일 마음고생하다가 저녁 식사 후 무심천에 가서 하늘에 계신 아버지에게 귀엣말하듯 소곤거리고 나면 마음이 소쇄(瀟灑)해졌다.

자존심도 지켜주었다. 학교 앞에 맛집으로 소문난 호떡집이 있었다. 참새가 방앗간을 그냥 지나치지 못하듯 학교만 끝나면 친구들은 호떡집으로 직행했다. 함께 가자고 해도 침만 삼킬 뿐 언감생심이었다. 학교 모퉁이에서 나는 고소한 튀밥 냄새, 추억의 간식인 라면땅이 야속하리만치 침샘을 자극했다. 인내심이 한계를 느낄 때마다 애꿎은 입술을 깨물며 무심천으로 향했다. 둑길을 거닐며 친구들과 함께하지 못하는 설움도 삭이고, 배고픔도 참아냈다.

요즈음 무심천 주변은 참으로 매력적이다. 봄의 설렘을 선물하는 벚꽃, 희망을 주는 개나리, 은빛 물결로 철철이 옷을 갈아입으며 아름다움을 발산한다. 게다가 직지의 향기까지 담아 미래를 품은 도시 '청주'를 빛내며, 명소로 부각하고 있다. 환상적인 튤립 꽃밭 등 사계절 아름다운 꽃들로 가득하고, 수변 산책로, 자전거 도로, 곳곳에 운동기구도 있어 청주시민들의 건강지킴이 노릇도 단단히 하고 있다.

가족이나 연인이 다정하게 손잡고 꽃구경하며 산책하는 모습, 건강을 위해 열심히 걷는 사람이나 운동하는 사람들을 보면 참으로 평화롭고 행복해 보인다.

힘든 보릿고개를 넘어야 했던 60~70년대에는 슬픈 사연을 토로하는 사람이 많았던 것 같다. 가난으로 학교 문턱을 넘지 못해 배움에 목말라 허덕이는 사람, 허리띠를 졸라매며 부은 곗돈 떼었다고 울부짖는 사람, 굶주림에 지친 몸을 곧추세우기 위해 찾는 등 슬픔과 고난을 씻어내는 마음의 안식처였지 싶다. 별처럼 수많은 사연을 쏟아내도 변박하지 않고, 자비로운 마음으로 보듬어 주었다.

무심천 둑길에는 군데군데 들마루가 있었다. 인심 좋은 아주머니들이 저녁 식사 후에 감자, 고구마, 옥수수 등 간식을 가져와 오손도손 정을 나누었다. 허기도 면하면서 여름에는 더위도 식히고, 구수한 아주머니들 이야기 듣는 재미에 푹 빠졌던 기억이 새롭다.

기화요초 하나 없고, 운동기구 하나 없이 수수한 들풀만 무성했어도 따뜻하고 부드러웠다. 무심히 흐르는 듯해도 힘듦 속에서 건강하고 아름다운 행복 씨앗을 심을 수 있는 꿈과 희망을 주었다. 예나 지금이나 만세불역 청주의 젖줄 무심천은 시민들의 영원한 해포 이웃이다.

『중부매일』 2021. 8. 2)

천 원의 행복

　2년째 코로나 팬데믹 상황이 우리의 삶을 위축시키고 있으나 임인년 호랑이의 해는 힘차게 솟아올랐다. 검은 호랑이의 기운이 어두운 터널을 박차고 희망과 용기를 주었으면 싶다.
　최근 인터넷에서 '현재 논란 중인 식당 가격'이라는 제목의 글을 보았다. 당연히 고가의 가격으로 일반 서민들은 꿈에도 맛볼 수 없는 일류 요릿집인 줄 알았다. 뜻밖에도 가격이 너무 싸서 논란이 된 것이다. 흑미밥에 반찬 세 가지, 된장국을 포함해 천 원이란다. 일반 식당은 공깃밥 한 그릇에 천 원인데 든든한 식사 한 끼에 천 원이라니 믿기지 않았다.

오래전에 『만 원의 행복』이란 TV 프로그램이 있었다. 『만 원의 행복』은 스타들의 사치스러운 생활을 바꾸기 위해 만들었던 프로그램으로, 2003년 11월부터 2008년 10월까지 인기리에 방영되었다.

그때 나는 어머니의 오랜 병간호로 몸과 마음이 지쳐 있었다. 효를 다하고자 갖은 정성 다해도 차도가 없었다. 수년 동안 밤잠도 제대로 못 자고 다람쥐 쳇바퀴 돌 듯 병원과 직장, 집만 오가다 보니 피로가 겹쳐 죽을 만큼 힘들었다. 앉으나 서나 꾸벅거려 부끄럽기도 했다.

회의 시간에 제 세상 만난 듯 나부대는 눈꺼풀은 봐줄 수 있었다. 하지만, 결재받으러 가서까지 내려앉는 눈꺼풀은 도저히 용납할 수 없었다. 생각다 못해 샤프심을 가지고 다니며 팔뚝과 허벅지를 찔러댔다. 미래 비전은 보이지 않고, 높은 담벼락만 보여 숨이 막힐 때 행복이란 단어에 방점이 찍혀 즐겨 보았던 프로그램이다.

10년이면 강산만 변하는 것이 아니라 돈의 가치도 하락한다. 10년 훌쩍 지나 20여 년 가까이 된 지금 만 원도 아니고, 천 원짜리 한 장으로 무엇을 할 수 있나 궁금해 재래시장으로 향했다. 환한 미소로 반기는 꽃가게로 갔다. 작은 포트 하나에 삼천 원이다. 팔다 남은 치레기도 천 원은 넘었다. DC마트에서도 조화 한 개에 이천 원에서 삼천 원이다. 천 원 하는 품목이 몇 가지 있으나 행복을 느낄 수는 없었다.

  분식집으로 갔다. 김밥은 가장 저렴한 것이 한 줄에 천오백 원이고, 떡볶이도 이천 원이다. 호떡은 3개에 이천 원이나 최소 단위로 팔기 때문에 천 원짜리 한 장으로 살 수 있는 것은 없었다. 길거리에서 파는 붕어빵이나 풀빵도 마찬가지였다. 군고구마도 살 수 없고, 커피 한 잔은 더더욱 마실 수 없었다.

  코로나 때문인지 몰라도 지난해부터 유독 물가가 뛰어 천 원의 가치는 하락의 정도가 아니다. 쌀값, 기름값, 과일값 등 서민들이 직접 피부로 느끼는 '밥상 물가'가 고공 행진이다. 모든 음식에 약방에 감초처럼 들어가는 파가 파테크란 말이 나올 정도로 천정부지로 뛰었다. 무, 배추, 총각무도 마찬가지이다. 달걀, 닭고기는 더 말해 무엇 할까. 다만, 고춧가루만 지난해보다 저렴하다. 하지만 그것도 한 근에 일만 삼천 원이 넘는다. 농부 입장에서는 인건비도 안 되겠지만, 사 먹는 입장에서는 만만한 가격은 아니다.

  모든 물가의 오름세에도 불구하고 광주광역시 동구 대인시장에 있는 '해 뜨는 식당'에서는 정성 어린 밥 한 끼에 천 원이란다. 이 식당은 고(故) 김선자 씨가 사업 실패로 끼니조차 해결하기 어려웠던 시절, 주위로부터 받은 도움을 갚기 위해 2010년 문을 열었고, 현재 그녀의 딸이 대를 이어 운영하는 것으로 전해진다.

어머니 김 씨는 지난 2015년 암 투병 끝에 세상을 떠났지만, 마지막까지 식당을 운영해달라는 유언을 남겨 따님이 하고 있단다. 10년이면 강산도 변한다는데 물가의 고공행진에도 불구하고 무려 11년 동안 천 원을 고수하고 있다니 신선한 충격이었다.

안타까운 것은 코로나19가 장기화하면서 식당을 찾는 사람이 늘어 경영난으로 사장이 점심시간 이외에는 보험회사에 다니는 등 투잡을 뛰어도 힘들단다. 다행히 지역사회 온정으로 식당은 유지되고 있다니 고마운 일이다.

사장님은 형편이 어려워 끼니를 잇지 못하는 독거노인, 일용직 노동자들에게 공짜로 줄 수 있지만, 돈을 내고 당당히 식사하라는 배려 차원에서 천 원을 받는 것이란다. '할머니 등 노점상에게 물건 살 때 값을 깎지 마라. 그냥 주면 게으름을 키우지만 부르는 값을 주면 건강과 희망을 선물하는 것이다.'라는 김수환 추기경님의 인생 덕목을 떠올려 보며, 사장님의 마음 씀씀이가 광대무변하다고 생각해본다.

따뜻한 말 한마디나 밥 한 끼 선행이 누군가에게는 무엇과도 바꿀 수 없는 위로와 힘이 될 수 있다. 과자 한 봉지도 살 수 없는 천 원짜리 한 장으로 정성 어린 밥상을 받고 얼마나 많은 사람이 감동과 행복을 느꼈을까.

혜택과 이익 앞에서는 남을 앞지르지 말고, 덕행과 일에서는 남에게 뒤처지지 말라고 선인들은 말씀하셨지만, 행하기는 쉽지 않다. 삶에서 베풂과 나눔은 사람이 갖추어야 할 중요한 덕목 중 하나인데도 말이다.

  새해 벽두부터 가슴 뭉클한 사연에 마음이 훈훈했다. 가장 아름다운 향기는 자신보다 남을 먼저 생각하는 마음의 꽃향기란 생각을 해본다. 코로나19가 변이까지 만들어내며 기승을 부려도 행복 바이러스를 이기지는 못하리라. 천 원의 행복을 되새겨보며, 행복 바이러스 전파에 힘써야겠다.

(『수필문학』. 2022년 3월호)

반보기

민족 대명절 추석이 다가온다. 학교에서 돌아온 여덟 살 손자가 뜬금없이 "할머니! 저는 부자지요?" 한다. 영문을 모르나 "그럼! 우리 윤범이는 아주 부자이지." 했더니 흡족한 듯 해맑게 웃으며, "할머니와 할아버지 외할머니도 있고, 고모와 이모, 작은할아버지들과 삼촌들까지 있으니" 하면서 친척이 많아 좋단다.

학교에서 가족이 많아 우쭐했던 것 같다. 등을 토닥여 줬다. 작은할아버지들 가족은 명절과 한식날 이외는 만나는 일이 별로 없다. 그마저도 코로나 때문에 지난해 한식 때부터 만나지 못했는데도 기억하는 것이 대견했다.

술래잡기, 목말 탔던 이야기와 성묘 가서 알밤과 도토리 주운 이야기를 하며, 빨리 추석이 왔으면 좋겠단다. 해낙낙하게 나를 미소 짓게 하는 손자가 미쁘다. 우애로 다져진 할아버지 형제들의 화기애애한 분위기가 손자에게 좋은 추억을 심어 주었지 싶다.

'더도 말고 덜도 말고, 한가위만 같아라.'라는 말이 있듯이 추석 하면 모든 것이 풍성하고, 즐거운 날로 여겨진다. 하지만, 코로나19 확진자가 줄지 않는 가운데 다가온 추석은 경제적 어려움뿐 아니라 가족들을 만날 수조차 없어 이중고를 겪어야 한다.

추석 연휴 기간에 가족 모임은, 허용 인원이 늘었으나 가정 내에서만 가능하다. 온 가족이 오손도손 모여서 차례 지내며 맛있는 음식을 먹고, 성묘하면 좋으련만 코로나가 가로막고 있다.

바쁜 일상에서 대가족의 만남은 명절이 아니고는 쉽지 않다. 하지만, 방역 당국은 안전한 명절을 위해 성묘나 봉안 시설 방문을 자제하고, 온라인 서비스를 이용하길 권고한다. 안전이 우선이니 지키지 않을 수 없다. '위드 코로나'가 되어도 온 가족이 만나기는 힘들 것 같다. 가족도 자주 만나야 정이 드는 것인데.

명절 준비로 바쁠 시기에 얼이 빠진 듯 집에 있자니 좀이 쑤셨다. 집 앞 전통시장엘 갔다. 단대목은 아니나 추석이 코앞이어서인지 한산하던 시장이 제법 북적거린다. 손자들은 덩달아 싱글벙글이다. 팔이 아파 조심해야 하나 배추와 총각무를 샀다. 칼질

하는데 진통이 와서 옆지기의 손을 빌렸다. 뭉툭 뭉툭 나무토막처럼 썰어놓았다. 민망함은 내 몫이다. 홍고추에 청양고추, 파프리카, 양파까지 넣고 믹서기에 갈아 체에 밭친 물은 나박김치를 담고, 건더기는 총각김치를 매콤달콤하게 담았다. 밍밍한 명절 음식과 궁합이 잘 맞을 것 같다. 얼큰하고 칼칼한 김치를 좋아하는 형제들과 조카들이 온다면 인기 최고일 것 같다.

핵가족화에 이어 1인 가구가 급증하고 있다. 명절만이라도 대가족이 모여 도란도란 정담을 나눠야 하는데 몸은 멀리 마음은 가까이하는 추석 연휴를 보내야 한다. 이타심이 사라지고 개인주의가 팽배해질까 우려된다. 선산에서 반보기라도 해야지 싶다.

반보기는 예전에 여성들이 멀리 떨어져 사는 일가친척이나 친정집 가족들과 양쪽 집의 중간 지점에서 만나 장만해온 음식을 나눠 먹으며, 하루를 즐기는 일을 이르던 말이다. 원래 시집간 딸과 친정어머니의 만남이 기원으로 선조들의 지혜가 담긴 애틋한 풍속이다.

반보기만 생각하면 어머니가 떠오른다. 어머니는 과수원과 정미소를 하는 부호의 따님이었다. 일남삼녀의 둘째였으나 영리한 데다 남동생을 보았다고 남다른 귀여움을 받았다고 한다. 충북의 첫 중등학교이며 유일한 고등학교인 청주농고에 다니던 할아버지와 외할아버지는, 1917년 고등학교 2학년 때 돌잡이 아들딸을 두고 사돈을 맺기로 약조했단다.

부모의 선약으로 도시의 대갓집 규수가 시골 청년의 아낙이 된 것이다. 행복을 부여안고 희망의 씨앗을 열심히 뿌렸으나 삶이 어디 그리 녹록한가. 둘째였던 할아버지는 청주까지 고등학교 보내준 것으로 유산을 대신해 맨몸으로 출발했다고 한다. 그래도 공무원이었으니 사는 데 지장이 없었을 것이다. 하지만, 남몰래 독립운동 하느라 월급은 독립자금으로 보내고, 빈 봉투만 가져와 곤궁함은 이루 말할 수가 없었다고 한다.

딸네 집 형편을 알게 된 외할머니는 애지중지하던 딸이 시골로 시집가서 몸 고생, 마음고생에 배까지 곯고 있으니 안타까움 어찌 말로 다 표현할 수 있었을까. 출가외인이니 쉽게 만날 수 없어 반보기로 애타는 마음을 달랬지 싶다.

고추 당초보다 매운 시집살이 잠시 내려놓고, 외할머니 만나러 가는 날 어머니는 한 송이 꽃으로 피어나는 듯했다. 희붐한 새벽에 길을 나서는 어머니 표정은 환하게 빛이 났다. 중간 지점인 진천 봉화산 밑의 암자까지는 50여 리나 된다. 여인 혼자 새벽길 나서기는 힘든 거리이나 사뿐사뿐 발걸음도 가벼웠을 터이다.

꿈같은 하루를 보내고, 늦은 저녁 돌아오실 때는 목이 휘도록 보따리를 이고 오셨다. 시골에서는 보기 힘든 알사탕과 비스킷, 고기, 옷가지도 있었던 것으로 기억된다. 모든 물자가 부족했던 시절, 주위의 부러움을 샀다. 어머니의 마음은 헤아리지 않고, 주린 배를 채울 수 있어 싱글벙글했던 기억만 아슴푸레하다.

아련한 그리움에 젖어 몽환의 세계를 거닐다 깨어났다. 텔레비전에서는 채널마다 방역 수칙 준수하라는 문구가 화면 가득 메운다. 첫째도 안전 둘째도 안전이다, 방역 수칙 준수하면서 선산에서 반보기로 어른들끼리 종형제끼리 끼리끼리 모여 성묘하고 정을 나눠야겠다. 돈독한 우애는 삶에 윤택한 밑거름이 될 테니.

(『중부매일』. 2021. 9. 13)

용설란

 눈길을 머금은 꽃들이 피고 진다. 꽃들은 열매를 맺기 전에 향기를 품어 그 존재를 알리기도 한다. 정원에 있는 꽃 하나하나에 눈 맞춤하며 향기를 맡아 본다. 화려함에 비해 향이 없는 꽃도 있지만, 온 우주를 품을 듯한 향기도 있다. 봄에는 미선나무, 아카시아, 서양분꽃나무가 향기를 뿜어냈다. 요즈음은 야래향, 천사의 나팔, 러브하와이 향기가 천지진동한다
 욕심인지 집착인지 여행이나 나들이 가서도 꽃집 옆을 그냥 지나치지 못한다. 꽃들도 나만 보면 '저를 데려가세요.' 하는 듯하다. 모두 식구로 맞이하고 싶지만, 키울 자신이 없어 애써 외면할 때가 많다. 욕심으로 생

명 있는 것들을 마구잡이로 들여놓고, 무관심으로 죽어 나가게 해서는 안 된다는 내 나름의 철칙이 있기 때문이다. 사람이나 동물, 하다못해 식물까지 생명이 있는 것은 그 목숨 다하는 날까지 소중히 다뤄야 한다는 게 내 신념이다.

많은 화초를 기르다 보니 때맞춰 물을 주어야 한다. 시간을 보통 허비하는 것이 아니다. 올해같이 가물은 해는 하루에 두 번 물을 줄 때도 많다. 키 재기하는 풀도 뽑아 주어야 하고, 분갈이도 해야 하는 등 하루해가 짧다. 혹자는 왜 사서 고생을 하느냐고 한다. 맞는 말인지 모르나 내 노력으로 누군가가 행복하다면 나는 더 행복하다.

꽃을 키우다 보면 재미있는 일화도 있고, 마음 아픈 사연도 있다. 20여 년 전 일이다. 멕시코가 원산지인 100년 만에 한 번 꽃을 피워 세기 식물이라고도 하는 용설란을 식구로 맞이했다. 용설란이라는 이름의 유래는 잎의 모양이 용의 혀를 닮아서라고 한다. 말은 100년 만에 한 번 꽃을 피운다고 하지만, 10년 이상 키우면 꽃을 볼 수 있다고 한다. 꽃은 여름에 잎 중앙에서 1m가 넘는 꽃줄기가 나와 담황색으로 피고 열매도 맺는단다. 그 위용이 어떤지 가히 짐작이 간다. 열매는 긴 타원형의 삭과(蒴果)이며, 열매를 맺은 후 말라 죽는다니 모성도 강한 식물 같다. 식물원에 가면 흔히 볼 수 있고, 일반 가정에서도 특별히 신경을 쓰지 않아도 화분에서 잘 자란다.

꽃 피우기 힘들다는 행운목, 관음죽, 산세베리아도 꽃을 피웠기에 꽃 피우는 것은 자신 있었다. 식구로 동거한 지 10년, 화초가 아니라 골칫덩이가 되었다. 꽃말은 '섬세'이다. 꽃말처럼 잎 가장자리에 섬세한 가시들이 날카롭게 돋아나 있는 데다 잎 맨 끝에는 매의 발톱처럼 강한 가시가 있다. 잎의 길이가 1~2미터나 된다고 하더니 해가 지날수록 덩치가 커져서 감당하기 힘들었다. 웅장한 멋은 있으나 매우 위험해 보였다. 여름에는 야외에 두면 되지만 추위에 약해 겨울에는 들여놓을 공간도 마땅치 않았다. 처치가 곤란했다. 그러던 어느 날 용설란 가시에 눈을 찔려 실명할 뻔했다는 뉴스를 보았다. 우리 아이들은 웬만큼 컸으니 조심하면 되겠지만, 명절에 조카들이 오면 문제가 될 것 같았다. 그해 겨울 영하의 날씨에 고민하다가 밖에 놓아 동사시키고 말았다. 죽은 화초도 살리는 사람이란 소리를 듣는 내가 잘 자라고 있는 화초를 고의로 동사시킨 것이다. 생명을 존중해야 하는데 경시한 것 같아 마음이 짠했다. 지금 같으면 어디 식물원이라도 보냈을 텐데.

얼마 전 카톡에서 용설란꽃을 보았다. 용설란이나 가시연꽃을 보는 사람에게 행운이 있다며, 지인이 보내준 것이다. 불현듯 예전에 동사시킨 용설란이 상기되었다. 그 아이도 살아 있으면 지금쯤 꽃을 피우고, 자손을 번성시켰을 텐데. 미안한 마음이 들었다.

꽃들은 침묵의 언어를 가지고 사랑, 꿈, 희망, 행복을 준다. 벚꽃은 감정을 들뜨게 하고 오뉴월의 달리아와 시월의 해바라기는 눈부신 열정과 강렬한 생을 맛보게 한다. 그윽한 국화, 순결한 백합, 뜨거운 샐비어 등 모든 꽃은 우리에게 위안과 희망과 사색의 자세를 준다. 행운을 주는 꽃으로 알려진 행운목, 관음죽, 우담바라꽃이 피면 혹시나 하는 마음에 새로운 힘이 생겨나는 등 엔도르핀이 생성된다. 엔도르핀은 뇌와 뇌하수체 전엽에서 분비되는 호르몬으로 모르핀과 같이 기분을 좋게 하고 통증을 줄여주는 효과가 있다고 알려져 있다. 그래서인지 꽃을 가꾸며 몸과 마음이 많이 건강해졌다.

용설란을 생각하면 세월이 흘러도 마음이 편치 않다. 말 못하는 식물이라고 생명을 무시한 것 같아 자괴감이 든다. 그때 들여만 놓았으면 지금쯤 용설란꽃도 보고, 행복도 나누었을 텐데. 인간관계에서도 이 같은 잘못은 없었는지 되돌아본다. 언제쯤 마음의 굴레에서 벗어나게 될지.

잠자는 뇌를 깨우다

　가을! 청주 문인협회의 미당 문학 세계를 찾아 떠나는 문학기행 날이다. 예정된 시간보다 일찍 출발하는 것만으로 마음의 여유가 느껴진다. 설레는 마음으로 창밖을 보았다. 곱게 물들어가는 가로수 단풍이 예쁜 미소를 보낸다.
　고창읍성에 도착했다. 일명 모양성이라고 불리는 고창읍성은 조선 단종 원년에 왜구의 침략을 막기 위하여 전라도민들이 유비무환의 슬기로 자연 지형을 최대한 활용하여 자연석으로 축성한 성곽이다. 읍성엔 옹성, 치성을 비롯하여 성 밖의 해자(垓字) 등 전략적 요충시설이 두루 갖추어져 있어, 전라도 내륙을 왜구의 노략질로부터 지켜왔다고 한다.

 성곽 들어가는 입구부터 비탈길이다. 다리 다친 이후 계단이나 비탈길을 잘 오르지 못해 은근히 걱정되었다. 공북루를 들어서자마자 왼쪽에 옥(獄)이 보인다. 옥(獄)이 주는 섬뜩함과 달리 성안의 나무들은 초록빛에서 붉은색으로 물들며 아름다움을 발산한다. 그윽이 풍겨오는 솔향에 입꼬리가 올라간다.

 공북루를 지나 성을 조금 오르다 보니 대원군이 서양으로부터 나라를 지키겠다고 세운 척화비가 있다. 시대에 뒤떨어진 쇄국정책을 위해 각지에 세워졌으나 거의 철거되거나 매장되고, 지금은 20기 정도 남아 있다고 한다.

 척화비를 뒤로하고 장청을 지나 동헌에 올랐다. 백성들과 가까이 지내면서 편안하게 다스린다는 평근당 현판이 반긴다, 평근당 현판은 우암 송시열이 인척 되는 현감을 보러 왔다가 내려 주었단다. 전화로 유실된 동헌을 복원하면서 고창 출신의 서예가 석전 황욱 선생이 다시 쓴 것이라고 한다.

 정상에 올랐다. 자연 그대로의 소나무 숲과 하늘 끝에 닿을 듯 빽빽이 늘어선 푸른 대나무 숲이 싱그러운 공기와 어우러져 반긴다. 시원스레 쭉쭉 뻗은 맹종죽을 보고 있으니 마음마저 청량해진다. 대나무와 소나무가 연인처럼 감싸고 있는 아름다운 자연풍광에 잠시나마 취해본다. 영화 촬영지로 주목받고 있다는 대나무 숲에 들어가 포즈를 취해보고 싶었으나 걸음이 늦어 자제했다. 빠듯한 일정으로 성곽을 다 돌지 못하고 지름길로 내려와야 했다.

고창읍성 내에는 가시나무, 팽나무, 소나무, 맹종죽 등 다양한 식물들이 자라고 있다. 가시나무는 단단하고 내구성이 좋아 거북선 만들 때 사용했다고 한다. 거북선이 없었으면 임진왜란 때 우리나라는 어찌 되었을까 생각하니 고맙기 그지없다.

예스럽고 멋스러운 성곽, 자연석으로 촘촘히 성을 쌓느라 얼마나 많은 백성이 피와 땀을 흘렸을까. 전설에 의하면 부녀자들이 쌓았다고 한다. 죽음도 불사하며 성을 쌓은 민초들의 애달픈 넋을 위해 잠시 기도했다.

고창읍성 하면 빼놓을 수 없는 것이 성 밟기 풍속이다. 여자들이 돌을 머리에 이고 성을 한 바퀴 돌면 다릿병이 낫고, 두 바퀴 돌면 무병장수하고, 세 바퀴 돌면 극락 승천한다는 일명 답성놀이이다. 돌을 머리에 이고 돌게 함은 체중을 가중해 성을 더욱 다지고, 돈 다음 성 입구에 그 돌을 쌓아두는 것은 유사시에 좋은 무기가 되었다고 한다. 답성놀이 조형물을 보며, 선조들의 지혜를 되새겨 보았다.

고창읍성 성곽길이 한국의 아름다운 길 100선으로 선정되었다고 하더니 풍광이 참으로 고풍스럽다. 몇 년 전 봄에 부부 모임에서 왔을 때도 진홍빛 철쭉과 어우러진 성곽길이 아름다워 천국으로 가는 길이지 싶었다.

촉박한 시간인데도 하나라도 더 알려주려고 애를 쓰는 문화해설사의 고마움을 간직하며, 읍성 바로 옆에 있는 우리나라 판소리를 집대성하여 국문학사에 뛰어난 족적을 남긴 동리 신재효 선생의 고택으로 향했다. 선생은 애초 소리꾼이 아니었으나 판소리의 발전에 남다른 애정을 쏟아 많은 제자를 길러냈다. 또한 오랫동안 구전되던 판소리 여섯 마당을 정리하여 책으로 엮었으며, 동편제와 서편제의 장점을 조화시키면서 판소리 이론을 정립했다. 선생을 기리기 위해 이 고택 뒤에는 고창군에서 동리 국악당을 개관하여 운영하고 있다. 고택과 판소리박물관을 한 바퀴 돌아보는 동안 국악당에서 흘러나오는 판소리에 잠시나마 풍류의 멋을 즐겼다.

미식가의 입맛을 사로잡은 풍천장어로 건강을 챙기고, 호남의 내금강이라 불리는 선운사로 향했다. 오랜 역사와 빼어난 자연경관, 소중한 불교 문화재들을 지니고 있어 사시사철 참배와 관광객의 발길이 끊이지 않는 곳이다. 대웅전에서 참배하고 나오는데 보살님이 천년고찰에서 가족을 위한 복을 지으라고 권한다. 기꺼운 마음으로 동참하고 나니 몸과 마음이 가벼워진 느낌이 들었다.

선운사는 언제 보아도 아름답다. 봄엔 대웅전 뒤의 동백 숲과 화사한 벚꽃, 여름은 시원한 계곡과 짙은 녹음, 가을엔 꽃무릇과 단풍, 겨울에는 눈 덮인 설경이 빚어내는 순백의 고즈넉함이 사람들의 마음을 사로잡는다. 더욱이 눈 내리는 한겨울에 핏빛 같은 붉은 꽃송이를 피워내는 선운사 동백꽃의 고아한 자태는 황홀함의 극치이다.

  선운사를 뒤로하고 미당시문학관으로 향했다. 미당시문학관은 나를 키운 건 팔 할이 바람이었다고 말하는 미당 서정주 시인의 고향에 있다. 담장이로 둘러싸인 정문이 이채롭다. 옥상에서 바라보는 선운리와 질마재 풍경이 아름답다. 생가까지 돌아보는 뜻깊은 시간을 가졌다. 미당시문학관 감상은 「국화 옆에서」 별도의 작품으로 했다.

  『잃어버린 시간을 찾아서』의 저자인 프랑스 소설가 마르셀 프루스트는 '여행은 새로운 풍경을 바라보는 것이 아니라 새로운 눈을 가지는 데 있다.'고 했다. 우리나라 판소리를 집대성한 동리 신재효 선생을 기리는 동리국악당과 1,000편의 시를 남긴 서정주 시인의 미당시문학관을 돌아보며, 노력과 열정을 쏟는 과정의 연속이 인생이란 생각이 들었다. 그들의 노력과 열정에 감탄하며, 나 자신을 돌아본다. 수필 산에 발을 들여놓은 지 꽤 오래되었으나 앞으로 나아가지 못하고, 밑에서만 빙빙 돌고 있다. 두 권의 수필집을 내었다고는 하나 독자에게 선뜻 다가가지 못했다. 노력과 열정도 없이 감나무 밑에서 감 떨어지기를 기다린 것은 아닌지. 이번 문학기행이 잠자는 뇌를 깨운 듯하다.

선암사

초록빛 싱그러운 숲, 청아한 새소리, 물소리, 바람 소리가 시각, 청각, 후각을 자극한다. 곳곳에서 나타나는 비경이 코로나로 지친 마음을 보듬어준다. 잠시 마스크를 벗고 숲에서 뿜어져 나오는 피톤치드를 마음껏 들이마셨다. 내 몸의 세포들이 탄산처럼 톡톡 쏘며 새로이 깨어나는 느낌이다.

스마트경영 포럼 주최 제1회 세계자연유산 산사 기행에 참석했다. 목적지는 전남 선암사와 순천만 자연생태 습지이다. 스마트경영 포럼은 비영리 단체로 충북지역 소상공인 및 중소, 중견 기업의 경영에 관한 정책 개발 및 기업문화 창달을 위해 2020년에 창립되었단다.

화조풍월은 꽃과 새와 바람과 달이라는 뜻으로 천지자연의 아름다운 경치를 이르는 말이다. 우리나라는 사계절 아름답지만 그래도 화조풍월이 가장 잘 어울리는 계절은 봄이다. 2년 만에 야외에서 마스크도 벗게 되어 싱숭생숭하던 차에 선암사와 순천만 습지를 간다는 희소식을 접했다.

바늘과 실이라는 소리를 듣는 L 선생님과 함께하기로 했다. 문학회 회원들도 몇 명 있고, 같이 근무한 직원들도 몇 명 있어 마음이 놓였다. 인솔자인 문화예술지원분과 위원장의 은쟁반에 옥 굴러가는 맑고 청아한 목소리가 밝은 에너지를 준다.

자기소개 시간이다. 만능 탤런트인 문화원장님이 인사말과 함께 분위기가 어색하니 이벤트로 퀴즈를 내겠단다. 상품도 많단다. 상품이 있든 없든 퀴즈 풀이는 누구나 재미있어하는데 상품까지 있다니 금상첨화다. 문제가 나올 적마다 분위기는 업되었다. 마지막 문제로 물고기가 가장 좋아하는 가수 이름이 나왔다. 바다, 김해수, 강산에 등 많은 이름이 거론되었다. 모두 아니란다. 시간이 흘러도 맞추지 못하니 이름 끝에 '수' 자가 들어간다고 힌트를 준다. 순간 배철수 했더니 정답이란다. 감이 죽지 않은 것 같아 기뻤다. 다음으로 정호승 시인의 「선암사」를 L 선생님이 꾀꼬리 같은 목소리로 낭송하자 분위기는 훨씬 고조되었다. 역시 분위기 메이커다. 차 안은 말 그대로 웃음꽃이 만발했다.

코로나로 서로 조심하면서도 화기애애한 분위기에 취하다 보니 선암사에 도착했다. 신라 진흥왕 3년(542)에 아도 화상이 조계산 동쪽에 창건했다는 선암사는 한국의 산사 세계문화유산 7곳 중 하나로 많은 보물과 천연기념물을 품고 있는 산사이다. 매표소 입구에서 단체 사진을 찍고 옥계청류를 따라 올라가는데 신선이 된 듯 발걸음이 가벼웠다. 선녀들이 강선루로 내려와 목욕하고 승선교에 올랐다는 문화해설사의 설명에 일행들은 명소에서 인증 샷을 남기느라 바쁘다.

부처님 오신 날을 앞둔 대웅전 앞에는 연등이 꽃처럼 피어났다. 수령 600년이 넘는 산수유, 동백, 매화, 영산홍, 자산홍, 왕벚꽃이 선암사의 명물이다. 선암사의 많은 고매를 통칭하여 선암매라 부르고, 그중에서 원통전 뒤편의 백매화와 각황전 돌담길의 홍매화가 천연기념물 488호로 지정되어 있다. 꽃은 지고 콩돌만한 열매를 달고 있어도 아름다운 자태는 여전하다. 절반의 낙화에도 푼푼한 매력을 풍기는 자산홍, 꽃비를 내리는 왕벚꽃이 세월의 무게만큼 우미하다. 등 굽은 소나무를 보며 버스 안에서 낭송되었던 정호승 시인의 「선암사」 시를 되뇌어 보았다. 꽃살문에 투각 된 방아 찧는 토끼와 계수나무를 보는 순간, 어린 시절 달을 보며 비손하던 어머니 모습이 떠올랐다. 잠시 묵념했다.

꽃으로 둘러싸인 산사가 고색창연하다. 자연이 내뿜는 향기를 깊게 들이마신다. 감미롭다. 천년고찰을 찾을 때면 내가 나를 대접하는 것 같아 행복을 느낀다. 마음 같아선 담장을 따라 차밭이 있는 오솔길을 가보고 싶었다. 하지만, 아쉬움을 뒤로 하고 일행들을 따라 순천만 자연생태 습지로 향했다.

　순천만 습지대는 유네스코 세계유산에 등록된 소중한 갯벌이다. 순천만의 갈대 군락지는 전국에서 가장 넓고 이 갈대밭을 삶의 터전 삼아 살아가는 생물의 종류도 500여 종이나 된다고 한다. 갯벌과 습지의 풍부한 먹이와 겨울의 찬바람을 막아주는 갈대밭 덕분에 순천만은 흑두루미, 검은머리갈매기, 도요새 등 국제적으로 보호받고 있는 철새들이 날아와 겨울을 나는 곳으로도 이름이 난 곳이다. 바람의 향연을 즐기며 데크 길을 걷는다. 순천만 국제정원박람회 마스코트였던 흑두루미 꾸르와 꾸미는 볼 수 없었으나 짱뚱어와 참게는 많이 있어 생명의 숨소리를 들었다. 자연이 살아 숨 쉬는 갈대 군락지는 힐링의 무대였다.

　지루하지 않게 중간중간 스냅 사진 콘테스트, 시 낭송, 퀴즈풀이 등 다양한 이벤트로 즐거움을 선사했다. 잘 찍지 못했어도 나도 시상자 명단에 이름을 올렸다. 빡빡한 일정을 소화하는데도 유유자적 느림의 미학을 느낄 수 있었다. 사회자의 탁월한 진행 능력 때문이지 싶다.

　마음속에 그리던 선암사 기행으로 코로나19로 지친 몸과 마음을 조탁하고도 남음이 있었다. 그런데 덤으로 가슴으로 대하는 사람들의 정까지 듬뿍 받았다. 짓쩍었던 아침과 달리 그들과 동화되어 기쁨이 충만했다. 향기롭고 은혜롭다. 타인을 배려하는 마음의 향기, 인품의 향기에 취했던 하루였다.

'우리가 하는 일(業)을 연결하고, 내가 하고 싶은 일(能)한다.'는 스마트경영 포럼 회원들은 명칭에 걸맞게 이타적으로 헌신 봉사한다. 하나를 보면 열을 안다고 우리나라의 밝은 내일을 보았다. 가슴이 따듯한 사람들과의 만남은 축복이고 행복이란 생각을 해본다. 소통과 화합의 장 세계자연유산 산사 기행에 참여하게 됨을 기쁘게 생각하며 스마트경영 포럼의 힘찬 도약을 기대한다.

(『중부매일』 2022. 5. 9)

5

모두 다 꽃이야

아름다운 우리 강산

입춘이 지나자 거짓말처럼 바람의 온기가 바뀌었다. 봄을 기다리던 나목에도 녹색 기운이 감돈다. 봄이 주는 두근거림과 설레임, 따뜻한 봄의 여유, 온유한 숨결이 느껴진다. 마침 갤러리청주의 새봄맞이 전시회 '설레임'에 초대한다는 메시지가 왔다. 한달음에 달려갔다.

갤러리에 들어서는 순간 이한우 화백의 「아름다운 우리 강산」이 첫밧에 눈에 들어왔다. 가국현, 강호성, 민경갑, 이기숙, 김지현, 김춘옥 등 많은 작가의 작품이 전시되어 있다. 봄을 느낄 수 있는 작품들이 많이 있는데도 이한우 화백의 작품이 유독 눈에 들어왔다. 어린 시절 많이 본 사라져가는 풍경이기 때문이지 싶다. 겸허히 그림 앞에 섰다. 추억이 호롱불을 켠다. 세파에 찌든 마음을 씻어주는 듯하다.

한국현대미술의 대가 이한우 화백은 예향의 도시 통영 출신이다. 국립현대미술관, 프랑스 오랑쥬리 미술관에서 대규모 전시회 및 수십 번의 각종 초대전 전시 경력이 있는 세계적인 명성의 화가이다. 우리나라 평론가들도 극찬하고, 프랑스 등 해외에서도 '가장 한국적인 미를 화폭에 담는 화가'라는 평을 받는다.

출생과 죽음은 피할 수 없으니 그 사이를 즐기라는 말이 있다. 세계적인 거장도 죽음은 피할 수 없어 지난해 92세 일기로 작고했다. 우리는 국민문화향상과 국가발전에 기여한 공적으로 보관문화훈장과 은관문화훈장을 수훈하고, 프랑스 정부 문화 기사 훈장을 수훈한 큰 별을 잃은 것이다. 프랑스에서 받은 상은 외국 국적의 생존 작가 최초로 받은 것이라고 한다. 그의 작고 소식을 뉴스에서 듣고, 묵념으로 애도했던 기억이 난다.

그림에 문외한이지만, 오방색과 굵고 검은 선으로 한국의 향토미를 살려서 그린 아름다운 우리 강산을 보고 있으면 마음의 평화가 느껴진다. 바다가 보이는 해안 풍경에서 호수를 낀 농촌 풍경까지 점점 사라져가는 농어촌 풍경이 정겹다. 몽환적인 아름다운 우리 강산 연작은 어느 것을 보아도 꿈속의 고향, 피안의 세계 같다.

지금은 민속촌에서나 볼 수 있는 초가집과 기와집이 어우러지고, 질서정연한 밭때기, 완만하게 누운 뒷동산, 마치 살아 움직이는 듯한 나무들이 한데 어우러져 조화를 이루는 풍경은 아련한 옛 추억을 소환했다. 마을 보호수에서 휴식을 취하는 사람들, 물동이를 인 아낙, 밭에서 일하는 농부를 보고 있으면 황소울음 소리도 들리는 듯 대자연의 숨결이 느껴진다.

  사계절이 순환하는 대자연의 섭리에 순응하며 살아온 한국인의 전통적인 생활풍습이 고스란히 녹아들어 있어서일까. 나이가 들수록 그의 그림이 좋다. 오래전 TV에서 작가의 인터뷰 모습을 보았다. 소탈한 말씨에 수더분한 동네 아저씨 같은 모습이 매우 인상적이었다. 글을 보면 그 사람을 알 수 있듯 그림도 마찬가지인 것 같다. 아름다운 우리 강산 연작을 보고 있으면 행복이란 단어가 먼저 생각난다. 하여 그의 그림 한 점 집 안에 모시고 싶었으나 나 같은 소시민은 감히 엄두도 낼 수 없어 마음속에만 담고 왔다.

  남녘에서 시작한 꽃바람이 살랑살랑 산과 들을 매만지며 화사한 꽃등 밝힌다. 사계절 모두 아름답지만, 꽃 피는 봄은 한 폭의 수채화 같다. 20여 년 전 이집트사막을 다녀오기 전에는 우리나라가 이렇게 아름다운 곳인 줄 미처 몰랐다. 카이로에서 알렉산드리아로 이동할 때였다. 자동차로 한 시간 이상을 달렸는데도 풀 한 포기 살지 않는 모래사막만 보였다. 가도 가도 끝이 없는 사막, 소인-묵객들이야 풀 한 포기 살지 않는 사막도 아름답다고 할지 몰라도 대개의 사람은 여유가 느껴지는 녹음을 좋아하리라.

　비옥한 땅과 자연풍광이 왕연한 우리나라는 축복의 땅이란 생각이 든다. 산은 산대로 바닷가는 바닷가대로 힐링의 무대가 되고 있으니. 지역마다 고유의 특색을 지닌 산자수명한 경관은 계절에 상관없이 장관을 이룬다. 한라산, 내장산, 지리산, 속리산, 오대산, 설악산 등 일일이 열거할 수도 없다. 북한에 있는 금강산은 또 어떠한가. 20여 년 전 11월에 금강산을 다녀왔다. 단풍은 많이 떨어졌으나 쭉쭉 뻗은 미인송, 기암괴석이 어우러진 절경은 장엄함을 넘어 신비로움 그 자체였다. 그 아름다운 금강산을 지금은 갈 수 없으니 안타깝다.

　자연은 인간에게 꿈과 희망을 준다. 빼어난 풍광은 화가나 음악가, 문학가를 꿈꾸는 밑거름이 되기도 한다. 아름다운 자연은 예술가에게 영감의 원천이 되고, 보통 사람들을 행복으로 이끌지 싶다.

　통영은 성웅 이순신의 고향이라 할 만큼 장군의 이야기가 넘쳐나는 곳이다. 구국의 영웅 이순신 장군 때문인지 아니면 소설가 박경리, 시인 유치환, 작곡가 윤이상 등 존경하는 예술가가 많이 배출된 곳이기 때문인지 몰라도 마음의 고향처럼 정이 간다. 더욱이 바다가 없는 청주에 살다 보니 그림처럼 아름다운 해변 풍경은 동경의 대상이었다

미륵산 전망대에서 바라보는 통영 해변의 멋진 비경은 참으로 매력적이다. 섬들이 보석처럼 빛나는 수려한 바닷가 풍경은 이한우 화백이 세계적인 화가로 도약할 수 있는 자양분이 되지 않았나 싶다. '그림 그리는 순간 내가 살아 있음을 느낀다. 생을 마치는 순간까지 그림을 그리는 게 나의 마지막 소원이다.'고 말한 이한우 화백은 갔지만, 그의 작품 「아름다운 우리 강산」은 후세까지 길이길이 빛나리라.

(『중부매일』 2022. 4. 4)

모두 다 꽃이야

　미세먼지도 코로나19에 밀려났나 보다. 파란 하늘에 봄 햇살이 눈부시게 빛난다. 사회적 거리 두기로 인해 두문불출하다가 무심천 벚꽃 향연을 고향 가는 자동차 안에서 보니 어느새 꽃비가 되어 내린다. 허허로운 마음을 대로변에 조성된 화단의 형형색색 봄꽃들이 달래준다.
　매년 한식 때는 사형제 가족이 모여 차례를 지내고, 친목 도모와 우애를 다졌었다. 올해는 사초까지 해야 하나 우리 가족만 갔다. 일곱 살 손자까지 거들어 사초를 끝내고 나니 조상님께서 편안히 영면하실 것 같아 위안이 되었다.

갈 때는 부산한 마음에 차창 밖 풍경을 보지 못했다. 올 때 보니 산벚꽃이 흐드러지게 피었다. 시선 두는 곳마다 한 폭의 수채화다. 갤러리에 있는 듯 눈이 호사한다. 코로나19로 입학이 늦어져 예비초등학생인 일곱 살 손자도 아파트에 갇혀 있다가 오랜만의 외출에 신바람이 나는지 함박웃음 짓는다.

집에만 갇혀 있다 모처럼의 콧바람이 좋았나 보다. 집에 오자마자 또 가자며 엉덩이를 딸막거린다. 선산의 솔향, 꽃향기, 봄내음을 재잘거리더니 제풀에 죽어 심심하다며 몸을 비비 튼다. 그러면서 학교는 언제 가느냐고 자못 진지한 표정 짓는다.

유치원 잘 다니다가 갑자기 등원 중지하고 집에서만 맴돌고 있으니, 에너지 방출할 곳이 없어 아이나 가족 모두가 힘들다. 어른들도 갑갑증이 나는데 천둥벌거숭이들이야 말해 무엇 할까. 지금껏 당연시되던 2월 졸업식과 3월 입학식은 물론 아무렇지 않게 즐기던 일상이 마비되고 나서야 소중한 걸 뼈저리게 느낀다.

4월 20일 온라인 입학을 한다고 구구절절 설명해도 동문서답이다. 하기야 나도 이해 못 하는데 손자를 어떻게 이해시키겠는가. 생각다 못해 나쁜 병원균이 물러가면 바로 학교에 갈 것이라며, 손잡고 나섰다. 손자가 입학할 학교는 독립운동가 단재 신채호 선생의 호를 따 지난해 3월 개교한 단재초등학교이다. 맑은 물이 사계절 흐르는 무심천변 방서지구 아파트 단지 내에 있다.

도란도란 정담을 나누며 교문에 들어섰다. 동화 속에 나오는 그림같이 아름다운 전경이 눈을 사로잡는다. 최고의 시설을 갖추었다는 소식은 들었다. 일 년밖에 안 된 신설 학교인데도 유치원 포함 44학급에 일천여 명이 넘는 대규모 학교로 자리매김했단다. 그래서인지 오랜 역사와 전통을 자랑하는 명문 학교처럼 느껴졌다. 산 좋고 물 좋고 정자 좋기가 어렵다는데 단재초등학교는 모두를 충족시켜주지 싶다.

아름답고 시설까지 좋은 학교에 입학하는 것만으로도 축복이란 생각이 든다. 낡고 허름해 창고인지 교실인지도 모르는 건물에서 공부하던 내 어린 시절과는 하늘과 땅만큼 차이가 난다. 우리나라의 발전상을 보는 듯해 감개무량했다.

60여 년 전 허약한 몸으로 5km를 힘들게 걸어 학교에 가면서도 무에 그리 좋았는지 입이 함박만 해져 깡충깡충 뛰었던 기억이 난다. 그때는 초등학교 입학만으로도 세상을 다 가진 듯 희망에 부풀었다. 인공지능과 인간이 공존하는 시대에 사는 손자는 어떨까. 세월이 흐르고 세상이 변해도 꿈과 이상은 같지 않을까. 아무리 챗봇 등 첨단기술이 발달했다 해도 그것을 움직이는 것은 사람일 테니.

코로나19 때문에 현관에서 출입 통제를 한다. 교실은 들어가지 못하고 복도에서만 보는데도 내가 학교에 근무할 때와는 차원이 다른 선진화된 교실과 특별실에 입이 다물어지지 않았다. 창의력이 폭포수처럼 쏟아질 것 같은 초현대식 과학실과 시청각

실이다. 미래에 대한 청사진을 제공해 줄 것 같은 글마루 단재도서관, 건강을 책임질 급식실 등 어찌나 깨끗하고 정갈한지 나도 달뜨고 손자도 하회탈이 되었다.

초롱초롱한 눈망울에 하얀 이를 드러내며 방긋거리는 아이들만 있으면 금상첨화일 텐데. 텅 비어 있어 냉기가 도는 교실에 초록빛 아이들의 해맑은 웃음소리로 가득 차기를 기대해 본다.

과학실 앞을 지나는데 평소 흥얼흥얼하던 '산에 피어도 꽃이고, 들에 피어도 꽃이고, 길가에 피어도 꽃이고, 모두 다 꽃이야'란 국악 동요 가사가 예쁜 꽃과 나비로 아름답게 꾸며져 있다. 꽃처럼 예쁘고 소중한 아이들을 위한 선물 같은 노랫말에 꽃과 나비가 함께 하니 상서로운 향기가 피어나는 듯하다. 교직원들 모두 아이들을 사랑으로 보듬어 줄 것 같은 따뜻한 마음도 보인다. 교장 선생님의 교육철학, 열정, 안목이 돋보이는 환경정리이지 싶다.

요즘 아이들을 적게 낳다 보니 모두 귀한 자식이고 보물들이다. 보물을 빛나는 보석으로 키우기 위해 학교에 거는 기대도 그만큼 클 것이다. 단재초등학교는 예사롭지 않은 교명처럼 희망이 넘쳐 보였다. 즐거운 배움으로 미래 사회의 주역이 될 우수한 인재를 길러내는 초석이 될 듯싶다.

하지만, 학교의 노력만으로 되겠는가. 각자의 재능을 키우고 미래를 준비하는 창의적인 어린이로 키우기 위해서는 학부모도 학교를 믿고 교사를 신뢰하고 존중하며, 소통과 협력으로 행복한 동행을 해야지.

국민 대다수가 코로나19로 고통을 겪고 있다. 하루빨리 종식되어 온 국민이 마음 놓고 일상으로 돌아오기를 기대한다. 또한 단재 어린이들 모두 건강하게 자라서 따뜻한 가슴으로 꿈을 싣고 하늘 높이 날았으면 한다.

가슴을 열고 태양을 품되, 긍정과 열정과 지혜와 올곧은 품성으로 세상을 아름답게 열어가는 일원, 아침의 찬란함과 같이 가정과 학교의 사랑 속에서 고운 심성을 두루 갖춘 사람, '모두 다 꽃이야'라는 말을 가슴 깊이 새기며, 사랑받은 만큼 사랑 주는 사람이 되었으면 한다.

(『문학공간』 2021년 7월호)

호미

 지난해 가을, 사창사거리 대로변에서 서늘한 날씨에도 불구하고, 땀을 흘리며 풀을 뽑고 있는 할머니를 처음 보았습니다. 연로하신 분이 풀을 뽑고 있어 안쓰럽기는 하나 공공근로 작업으로 생각하고 다행이지 싶었습니다.
 그 후 곳곳에서 자주 목격되었습니다. 시계탑, 사창시장, 충북대병원까지 사창동 일대 대로변은 물론 사람의 발길이 닿지 않는 골목길까지 풀을 뽑고 계셨습니다. 늘 혼자인 것으로 보아 공공근로 작업이 아니라 자발적 봉사인 것 같았습니다. 허리춤에는 괴나리봇짐처럼 호미와 풀 갈퀴를 매달고, 다리를 절름거리며 풀 뽑는 모습이 자닝합니다.

할머니를 만날 적마다 약속 시각에 쫓겨 수고하신다는 말만 하고 지나치다가 하루는 눈여겨보았습니다. 무릎 관절이 매우 아픈지 쪼그리고 앉질 못하십니다. 호미처럼 허리를 구부려 엉거주춤 풀 뽑는 모습이 그 옛날 친정어머니를 보는 듯해 우두망찰했습니다.

친정어머니는 과수원과 정미소를 하여 먹을 것과 입을 것이 걱정 없는 대갓집 규수였습니다. 충북에 하나밖에 없는 중등학교에 다니던 부모들의 약조에 의해 지금도 시내버스가 들어오지 않는 음성군 대소면의 오지마을로 시집을 오신 것입니다. 고생이 뭔지 모르시던 부잣집 따님이 없는 집 맏며느리도 힘들었을 텐데 40세에 청상과부가 되셨으니. 오랫동안 병석에 계셨던 아버지는 내가 세 살 때 올망졸망한 팔 남매와 빚만 남겨주고, 사랑하는 가족 곁을 떠난 것입니다. 미안한 마음에 눈도 제대로 감지 못하는 아버지에게 어머니는 자식들 잘 키워놓고, 떳떳하게 당신 곁에 가겠다고 약속했답니다.

농번기에는 농사일과 삯바느질, 농한기에는 보따리장수까지 지난한 삶 어찌 말로 다 표현할 수 있을까요. 험난한 눈보라에도 천둥 번개 치는 악천후에도 집안과 자식들을 위해 마부작침(磨斧作針)의 마음으로 하루하루를 버텼을 것입니다. 임을 향한 그리움이 눈물 되어 동이를 채우고도 남았겠지요.

내가 나이 들어 보니 알겠습니다. 어머니도 엄연한 여자였다는 사실을. 동동구루무와 코티분도 바르고 싶고, 맵시 나는 옷도 입고 싶었을 것입니다. 자식들을 위해 여자가 아니라 어머니로 사셨을 뿐인데 그땐 몰랐습니다. 뒤늦게 후회해본들 기차는 떠나고 보이지 않았습니다.

지금도 잊히지 않습니다. 손은 늘 깨져 있거나 터져있고, 허리 한번 펴지 못하며 밤을 낮 삼아 일하던 어머니 모습. 그런 어머니를 보고, 잠을 자지 않는 사람으로 알았으니 철이 없어도 너무 없었지요. 어머니만 생각하면 목울대가 뻐근해집니다.

새댁 시절 허드레 장승이란 소리를 들었다는 어머니! 한국 여자 평균 키가 150cm도 안 될 때 웬만한 남자보다 큰 165cm였으니 왜 안 그렇겠어요. 여장부 스타일의 어머니가 하늘나라로 가실 때는 겨울나무처럼 앙상하고, 쇠잔하다 못해 호미처럼 등이 굽어지고 탈피각으로 변했으니 이를 바라보는 자녀들은 가슴이 미어졌습니다. 그래서 호미만 보면 고생만 하다 가신 어머니 생각에 눈시울이 붉어집니다.

엊그제 충북대병원을 다녀오는데 할머니가 지나간 흔적이 보였습니다. 주변을 살펴보니 예상대로 근처에서 풀을 뽑고 계셨습니다. 측은지심에 편의점에서 생과일이 든 떠먹는 아이스크림을 사드리면서 잠깐 쉬시라고 말을 붙였습니다. 사양지심에 손사래를 치십니다. 무더위에 고생하신다며 손을 꼭 잡으니 고맙다며 맛나게 드시는데 가슴이 아릿했습니다.

　수은주가 30도를 오르내리는 삼복더위에 비지땀을 흘리며 풀을 뽑는 할머니, 호미처럼 굽어진 겉모습과는 달리 무념무상의 편안한 얼굴이었습니다. 김수환 추기경님의 시 「마음 꽃」의 '꽃다운 얼굴은 한철에 불과하나 꽃다운 마음은 일생을 지지 않는다.'라는 시구처럼 은은한 향기를 뿜어내고 계셨습니다.

　할머니와 마주 앉으니 어머니가 더욱 그리웠습니다. 타고난 얼굴은 어쩔 수 없으나 밝은 표정과 여유 있는 마음가짐을 가져야 복이 들어온다고 말씀하시던 어머니입니다. 하지만, 정작 당신은 감미롭고 포근함보다는 근엄하고 무게감으로 똘똘 뭉쳐 있었지요. 동네 아낙들이나 집안 어르신들까지 어려워할 정도로. 어린 시절 그런 어머니를 이해하지 못했으나 사회생활을 하면서 알았습니다. 사는 게 바빠 웃을 틈이 없었고, 궁핍한 생활 속에서 팔남매 밥 굶기지 않고 올바르게 키우려면 자상함보다는 엄격할 수밖에 없었다는 것을요. 근엄한 엄마만 보다가 사근사근한 올케언니가 들어왔을 때 너무 좋아서 올케언니 뒤를 졸졸 따라다녔던 기억은 지금도 눈에 선합니다.

　팔 남매는 착실하고 공부 잘한다고 선생님들과 동네 아주머니들에게 칭찬을 많이 들었지요. 어머니는 기뻐하시기는커녕 도리어 "잘하면 본전이고 조금 못하면 아비 없는 후레자식 소리 듣는다."라며, 행동거지 조심하라는 말씀만 되뇌셨습니다. 애면글면

하는 어머니를 보면서 팔 남매 모두 반듯하게 자랐지요.

벌써 30년 가까이 되었네요. 82세에 소천 하시던 해 어머니의 표정은 근엄함에서 인자함으로 바뀌었지요. 호미처럼 굽은 허리도 점점 펴지고, 골 깊은 주름 사이로 하얀 이를 드러내는 웃음도 찾으셨습니다. 아버지와 이별할 때인 40세로 돌아가는 듯 볼살도 오르고, 화색도 살굿빛으로 변하셨지요. 그게 마지막인 줄도 모르고 저희는 세상을 다 얻은 듯 기뻐했으니.

하얀 도화지에 어머니에 대한 추억과 그리움을 채색하며 눈물을 삼킵니다. 자식들을 위해 최선을 다하신 어머니! 이제는 모든 시름 거두시고 이승에서 못다 한 사랑 하늘나라에서 꽃피우길 염원합니다.

(『중부매일』. 2020. 7. 24)

희망, 봄은 오리라

　3월, 겨울잠에 빠졌던 새싹들이 기지개를 켜는 달이다. 우리말 이름으로 물오름 달로 희망이란 단어가 잘 어울리는 달이다. 하여 새로운 시작을 알리는 3월은 왠지 좋은 일이 있을 것 같고, 무언가 기쁜 일이 있을 것만 같아 설레기만 했었다. 올해는 코로나19 확산으로 비상시국이다. 날개를 펴고 날아오를 준비를 하던 예비 초등학생 손자는 입학식도 못 했다. 초롱초롱한 눈망울이 가득해야 할 학교는 텅텅 비어 있다.
　따사로운 햇살이 살며시 다가와 노크해도 문 닫아걸고, 입도 마스크로 가려야만 한다. 친인척도 방문할 수 없고, 평생교육이나 각종 행사도 중지되어 외출을 자제

한다. 마트는 물론 전통시장도 사람 구경하기 힘들다. 거리는 한산하다 못해 썰렁하다. 상가에는 임대문의 현수막과 폐업 간판이 펄럭인다. 딸이 운영하는 카페도 고객의 안전을 위해 잠시 휴업했다.

 잠깐 다녀가는 줄 알았던 코로나가 예상외로 길어지고 있다. 우리나라는 K방역으로 잘 이겨내고 있으나 지구 반대편에서는 사망자가 속출하고 있다는 안타까운 뉴스가 연일 헤드라인을 장식한다. 정부는 나라 간의 이동까지 차단하며, 방역에 총력을 기울이고 있으나 세계는 하나의 공동체이기 때문에 안심할 수 없다. 피한다고 피해질 수 있는 것이 아니다.

 '삶이 그대를 속일지라도 슬퍼하거나 노여워하지 말라.', '인내는 쓰다. 그러나 그 열매는 달다.'는 학창 시절뿐 아니라 어른이 되어서도 머릿속을 떠나지 않는 시구이다. 인간은 누구나 행복한 삶을 원한다. 꿈을 실현하기 위해 시구처럼 삶이 속인다고 해도 열과 성을 다해 헤쳐 나가고 있다.

 '성실하다'라는 말을 되새겨 본다. 예전에는 근면 성실하게 살면 부자는 못되어도 남에게 손 벌리지 않고, 행복한 가정 이루며 살 수 있었다. 쥐구멍에도 볕들 날이 있다고, 열심히 노력하면 앞날도 보장되었다. 불확실성의 시대에 사는 지금은 안심할 수가 없다.

 지인들의 한숨이 늘어나고 있다. 코로나19로 아들이 다니던

회사가 휘청거려 사표를 내고 왔단다. 지인은 할 말을 잃고 있다. 부모와 상의한다고 뚜렷한 방책이 나오는 것은 아니지만, 부모 입장에서는 가슴이 미어지는 일이다. 마침 여자 친구도 있어, 가을에 결혼시켜 분가시킬 꿈에 부풀어 있던 그녀는 하늘이 무너져 내리는 것 같다며 울먹인다. 결혼부터 시키려고 해도 누가 백수에게 시집오느냐며 이미 헤어지기로 했다니 통탄할 일이다. 나도 억장이 무너지는데 지인은 어떠했을까.

또 다른 지인은 아들이 결혼도 미루고 열심히 벌어 작은 분식집을 차렸단다. 개업 발이 끝나자 파리만 날리는 것을 간신히 복구하여 한숨 돌리려는데 코로나바이러스 직격탄을 맞았다고 한다. 폐업 위기에 내몰렸다고 하소연하는데 남의 일이 아니다. 애면글면하는 자녀를 지켜보는 부모 마음 너무도 잘 알고 있기에 동병상련의 아픔이 느껴졌다.

'위기는 기회'라는 말을 떠올려본다. 멈춤과 느림에 대해서도 생각해 본다. 멈춰버린 세상에서 고요히 자신을 성찰하며 새로운 에너지를 축적할 때, 위기는 기회가 될 수 있다. 자본주의 문명의 긴박한 속도 속에 살아 온 우리는 가끔 멈춤과 느림을 예찬하기도 했다. 하지만, 듣도 보도 못한 코로나바이러스 시대에 의기소침해질 수밖에.

꽃바람이 창문을 두드린다. 남녘에서 들려오는 꽃소식에 언제까지 침잠할 수 없었다. 코로나19 확산으로 잠시 휴업했던 카페

문을 다시 열었다. 단골들이 더 반긴다. 어떤 분은 힘들 때 정원에 앉아 이야기도 하고, 멍때리기도 하면서 스트레스를 풀었다며 우리보다 더 좋아한다. 알게 모르게 행복공간으로 자리매김했다는 생각에 자존감이 들었다.

아직은 바깥바람이 쌀랑하다. 그래도 손바닥만 한 화단을 하나 더 만들어 각종 야생화를 심었다. 꽃이 예쁘다면서 부모님 모시고 오는 젊은이들도 많다. 누군가에게 행복을 주는 것 같아 긍지와 보람이 느껴졌다.

희망과 꽃향기로 물들어야 할 봄이 코로나19와 사투를 벌이고 있어 안타깝다. 어려움 속에서도 환자들과 이들을 돌보는 의료진의 고단함 어찌 말로 표현할 수 있을까. 지면에서나마 고마움을 전한다. 다행히 완치자가 늘고 있다는 반가운 소식이다. 삶이 있는 한 희망은 있는 것이다.

백화등이 만개하여 향기를 뿜어내고 진달래가 꽃봉오리를 밀어 올리고 있다. 시국이 어렵고 혼란스러워도 어김없이 봄은 온다. 코로나가 아무리 기승을 부려도 위기 극복에 모든 국민이 뜻을 합치고 지혜를 모은다면 희망, 봄은 오리라.

(2020. 3.)

유희(遊戱)하다

코로나19로 전 세계가 비상사태와는 달리 온실 안의 매화는 그윽한 향기를 뿜어낸다. 지난해까지는 월동준비를 단단히 했어도 시계꽃, 칸나, 클레마티스가 동사했다. 올해는 별다른 월동준비를 하지 않았으나 시계꽃 이파리가 파릇파릇하다. 덩치 큰 유두화도 마땅히 들여놓을 곳이 없어 녹화마대로 감싸기만 하고, 건물 한 귀퉁이에 놓았으나 싱싱하다. 서민들의 시름을 덜어주는 따뜻한 날씨가 고마우면서도 겨울은 눈도 오고 추워야 제맛이지 싶다.

연세대 한준상 교수의 '행복의 조건, 호모 에루디티오'에 대한 강연을 들었다. 호모 에루디티오(Homo

Eruditio)란 불확실한 미래에 적응하기 위해 끊임없이 배움을 만들어가는 인간, 평생 학습하는 인간을 말하는 것이란다. 그는 행복해지는 것은 숨쉬기만큼이나 쉽다고 한다. 행복은 생명이고 배움이기 때문이란다. 그러면서 행복하여지려면 행복한 일에만 조금 신경을 쓰면 행복해질 수 있다고 한다.

그리 보면 행복해지는 것은 그렇게 어렵지 않은 것 같다. 학습이란 무엇인가. 과거의 경험을 통해서 새로운 지식, 기술을 배워서 익힘과 연습이나 경험의 결과에서 생기는 지속적인 유기체의 행동 발전이나 발달이다. 이는 우리의 삶이 곧 학습이란 뜻 아닌가.

자연과 인공의 조화를 절묘하게 이뤄내며, 곳곳에 선비들의 심상이 오롯이 묻어나 있는 조선시대 정원을 좋아했다. 그만은 못해도 사계절 꽃향기에 취할 수 있는 작은 정원을 사랑과 정성으로 가꾸고 있다.

고운 하늘빛 아래 봄을 알리는 설중매가 꽃봉오리를 밀어 올리고 있다. 샛바람에 한파를 이겨낸 나무들이 기지개를 켠다. 겨우내 다져진 지표면을 뚫고 나오는 꼬물꼬물한 생명체들을 보고 있으면 자연의 위대함을 느낀다.

봄이면 벌들의 향연과 유쾌한 새들의 합창 소리가 귀를 간질인다. 밤이면 달빛도 조용히 내려와 머물다 가고, 하얀 구름이 내려와 앉아 있는 조팝나무 향기에 취할 수도 있다. 여름이면 풀

벌레 소리를 들으며 별이 쏟아지는 밤하늘을 감상할 수도 있다. 비 온 뒤에 뜨는 무지개도 볼 수 있고, 저녁노을도 감상할 수 있다. 눈에 들어오는 자연현상이 보면 볼수록 예쁘다. 작은 정원이지만, 온 우주를 품고 있다.

어제는 귀여운 새끼다람쥐가 놀러 왔다. 정원에서 다람쥐는 처음 보아 반가움에 가까이 갔다. 부리나케 도망간다. 가까이 가면 도망가고, 내가 몸을 숨기고 있으면 담장 위에서 폴짝폴짝 뛰어놀면서도 경계를 풀지 않는다. 이심전심 마음이 통할까 싶어 반 시각 정도 멀찍이 떨어져서 지켜보았으나, 끝끝내 마음을 열지 않고 가버렸다. 아쉽지만, 다음에 또 만나기를 기대하며 돌아서야 했다.

혹시, 오늘도 오지 않을까 싶어 뒤란으로 갔다. 다람쥐는 보이지 않고, 청설모가 전깃줄을 타고 곡예를 벌인다. 영화 「왕의 남자」의 줄타기 묘기를 보는 듯했다. 하마터면 소리를 지를 뻔했다. 내 목소리에 놀랄까 봐 손으로 입을 틀어막고, 숨죽이며 방청객이 되었다. 한참을 애기사과 나무 위에서 노닐다가 갔다.

친환경으로 꽃과 농작물을 기르다 보니 벌, 나비 등 곤충은 물론 새와 파충류도 많다. 내 세상인지 숨탄것들의 세상인지 모르겠다. 한번은 화단에 풀을 뽑는데 커다란 능구렁이가 나왔다. 옆지기도 외출 중이었다. 당황하여 119에 신고했다. 그분들 말씀이 사람에게 위해를 가할 것 같으면 포획하러 오지만, 화단에 있

유희하다

는 것은 자연과 공존해야 한다며 지켜보란다. 출동하지는 않았지만, 문자메시지로 여러 번 상황을 파악했다. 믿음직스럽다. 그 이후 작은 뱀이 두어 번 나왔으나 고양이를 입양하고부터는 출몰하지 않았다. 그러나 지렁이와 풀벌레가 많아서인지 두꺼비와 개구리는 풀숲 돌 밑에 둥지를 틀고 있다. 덕분에 비만 오면 낭랑한 청개구리 합창에 귀 기울이며 어린 시절을 회상하기도 한다.

곤충의 종류도 참으로 많다. 방아깨비, 섬서메뚜기, 풀무치, 당랑거사, 매미, 잠자리 등 곤충이란 곤충은 다 모여 활보한다. 거미 종류는 왜 그리 많은지 아침마다 거미줄 걷어내는 일도 만만치 않다. 풍뎅이, 장수하늘소, 사슴벌레도 있다. 자연학습장 같은 분위기에 호기심 많은 손자와 꼬마 손님들의 놀이터로 주목받는다. 우주의 무한한 능력과 창조력으로 날마다 조금씩 변해가는 자연의 모습에 절로 감탄이 터져 나온다.

그동안 앞만 보고 달려왔다. 몸은 정직하다. 돌보지 않은 대가를 톡톡히 치르고 있다. 여기저기 조직검사 하는 횟수도 늘었다. 담담하게 받아들이면서도 심란한 마음 숨길 수 없다. 꽃을 보면서 삶의 찌꺼기를 걸러내듯 마음을 정화하고 허허로운 심신을 달랜다. 침묵과 겸손 그리고 기다림의 시간 속에 피어난 꽃들과 마주하면 마음이 평온해진다. 얼마 전에도 머리에 결절이 생겨 대학병원에서 조직검사를 했다. 착잡한 내 마음을 아는지 부겐빌레아, 난타나, 세이지가 고운 미소를 짓고, 매화와 동백꽃이 만개하여 시린 가슴을 어루만진다.

 괜찮을 거란 믿음은 있었으나 판결을 기다리는 죄인처럼 의사 선생님 앞에 앉았다. "마음고생 심하셨죠? 치료는 해야 하나 암은 아닙니다."라는 구세주 같은 목소리가 들렸다. 눈가가 촉촉해졌다. 늘 마음에 평화를 주는 화초 덕분인 것 같다.

 한준상 교수는 평생학습으로 성공적인 노년을 준비하는 배움은 혼자서도 잘 익히며, 잘 놀며, 제대로 즐기는 방편을 제 것으로 만드는 배움이라고 한다. 그러면서 '우리의 삶은 배움의 과정이고 현상이다. 우리 삶, 그 자체가 무형식 학습의 장이다.'라고 했다. 그리고 Homo Eruditio로 살아가라며, '남 보기에 좀 모자란 듯 희(憘), 희(熙), 희(希)하며 현자로 살아내라!'고 한다.

 꽃을 기르며 하늘이 내려준 하루하루의 삶을 그 자체로서 중히 여기고, 희(憘), 희(熙), 희(希) 하며, 유희遊戱하듯 살고 있다. 즐거움과 행복은 멀리 있는 것이 아니라 내 주변의 평범한 삶 속에 있다는 것을 명심하면서.

 장자(莊子)는 삶은 소풍이라고 했고, 우리나라 천재 시인 천상병 시인도 「귀천」이라는 시에서 '죽음을 소풍 끝내는 날'이라 표현했다. 소요유(逍遙遊)를 떠올리며, 오늘도 소풍하듯 유희한다.

블루로드에서

시리도록 파란 하늘빛과 어우러진 푸른 바다가 시원스럽게 다가온다. 비릿한 바닷가 냄새가 기분 좋게 느껴진다. 바다와 숲과 하늘이 어우러진 아름다운 풍광이 여유와 운치를 더해준다.

충청북도교육청 걷기 동호회 워크홀릭 회원들과 해파랑길 21코스(블루로드 B 코스)를 트레킹하고 있다. 해파랑길은 동해의 떠오르는 해와 푸른 바다를 길동무 삼아 함께 걷는다는 뜻으로 부산 오륙도 해맞이공원을 시작으로 강원도 고성 통일전망대에 이르는 총 10개 구간 50개 코스 770km의 걷기 길이다.

해파랑길 21코스는 숲길과 바닷길이 함께 공존하는

블루로드로 영덕 해맞이공원에서 오브 해변, 죽도산 전망대, 축산항을 걷는 길로, 총 12.8km다. 몇 년 전 부산 갈맷길, 송정해변, 구룡포항에서 호미곶 등 해파랑길 일부를 부부 모임에서 다녀왔다. 그때 시원한 바닷바람과 아기자기한 자연석, 크고 작은 나무들이 어우러진 숲속 오솔길에 매료되었던 아름다운 추억이 떠올라 미소 지어본다.

오감을 열어놓고 해맞이공원에서 바닷가 쪽으로 난 길을 따라 작은 산을 하나 넘었다. 걱정했던 것과 달리 다리가 가뿐가뿐했다. 블루로드 B코스는 블루로드 가운데서도 가장 많은 바닷길로 '환상의 바닷길'이자 '바다와 하늘이 함께 걷는 길'로 알려져 있다. 파도 소리를 벗 삼아 한 폭의 수묵화처럼 아름다운 숲속을 지나면서 힘이 들 즈음 휴식할 수 있는 정자가 반겼다.

마침, 먼저 휴식을 취하던 사람들이 일어나 횡재한 기분으로 둘러앉았다. 총무가 준비한 정갈한 간식이 나오자 지나가는 사람들도 깜짝 놀란다. 정성 들여 깎은 과일부터 견과류, 육포, 치즈 등 어찌나 다양하고 푸짐한지 찬합 하나하나 개봉할 적마다 탄성이 나온다. 회원들은 몸만 오면 되니 부담이 없지만, 총무는 새벽부터 얼마나 고생했을까 하는 마음에 고마우면서도 미안했다.

영양 만점인 간식과 맑은 공기로 에너지를 충전하니 힘이 절로 나는 것 같았다. 걸음이 늦은 대여섯 명이 먼저 길을 재촉했다. 기암괴석과 바다, 하늘과 조붓한 오솔길이 참으로 낭만적이다. 하지만, 자연석을 이용한 계단 높이가 불규칙해 디스크 환자인 내겐 무리였다. 높은 계단을 오르내릴 때마다 통증이 심해 부지런히 뒤따랐지만, 뒤처져 일행을 놓치고 말았다.

쫓아가려고 있는 힘을 다해도 따라잡을 수가 없었다. 후진에 많은 사람이 있어 안심은 되었으나, 초행길에 오롯이 혼자가 되니 당혹스러웠다. 타박타박 가다 보니 항구가 나오고 대로변으로 접어들었다. 바닷가로 가는 길을 찾아야 하는데 물어볼 사람조차 없다. 불안한 마음에 계속 뒤를 돌아보니 멀찍이 한 사람이 보였다. 어찌나 반가운지 손을 번쩍 들고, 어린아이처럼 흔들어댔다. 도란도란 정담을 나누며 걷는 발걸음이 사뿐사뿐해졌다.

호젓한 외길이 끝도 없다. 하늘과 바다가 함께 어우러지는 수려한 길을 걷는 기쁨 뉘 알까. 풍류를 즐기듯 여유롭게 주위를 둘러보았다. 눈부시게 하얗게 핀 들꽃이 향기를 발산하며, 코끝을 간질인다. 처음 보는 꽃이라 핸드폰으로 꽃 이름을 검색해보았다. 으아리로 나온다. 우리집 정원에도 여섯 종류의 으아리가 있으나 잎사귀부터 전혀 달랐다. 청초한 아름다움과 달콤한 향기에 기분이 한껏 고무되었다.

갯바위에서 낚시하는 사람들도 눈길을 끈다. 낚시는 할 줄 모르나 요즈음 즐겨 보는 TV프로가 「나만 믿고 따라와 도시 어부」이다. 반가움에 가까이 가서 보고 싶었지만, 일행보다 걸음이 늦어 아쉬움을 뒤로하고 발걸음을 재촉했다.

지루하지 않게 숲길과 바닷길이 적당히 교차하도록 조성된 블루로드, 바다와 숲, 기암괴석이 적당히 조화를 이루어 참으로 매력적이고 환상적이다. 곳곳의 숨은 풍광을 감상하며 걷는 재미가 쏠쏠하다. 풀 한 포기 살지 않는 이집트 사막지대를 다녀오고는 사계절이 뚜렷한 우리나라에 태어난 것이 얼마나 감사한지 모른다.

고칼로리의 간식을 먹었음에도 점심시간이 한참 지나니 허기가 느껴졌다. 그때 하늘 문을 열고 들어가는 것 같은 까마득한 계단이 보였다. 가풀막진 계단을 올려다보는 순간 다리 힘이 풀리고, 숨이 막히는 기분이 들었다. 어찌 올라야 할지 난감했다.

머뭇거리고 있는데 앞서갔던 일행이 내려다보며, 그 계단만 오르면 다 온 것이니 천천히 올라오란다. 용기를 내어 간신히 오르고 나니 선두 그룹이라며 박수로 환영한다. 나로 인해 시간이 지체되지 않은 것으로 족한데 다섯 손가락 안에 들다니. 기쁨이 배가 되었다.

삶을 살다 보면 굴곡이 있게 마련이다. 퇴직만으로도 움츠러들 수 있는데 대퇴부 골절로 1년 이상 목발을 짚었다. 그 상실감 어찌 말로 표현할 수 있을까. 6년이 지난 지금도 평지를 제외하고는 보행이 어렵다. 더욱이 디스크 협착증이 심해 장시간 걸을 수도 없다. 후배들에게 멋진 인생의 선배로 남고 싶지만, 몸이 자꾸 몽니를 부린다.

혹시 짐이 될까 싶어 매사에 조심하게 된다. 워크홀릭 행사 때도 고난도이거나 눈이나 비가 오면 망설였다. 이번에도 밤잠을 설칠 정도로 고민하다가 용기 내어 일 년 만에 처음 참석한 것이다. 버스 안에서도 일행들의 절반만 걸어야겠다고 마음먹었다. 그런데 좋은 성적으로 완주할 수 있었던 것은 앞에서 끌어주고 뒤에서 밀어주는 후배들이 있었기 때문이다.

인생 10적(人生 十蹟), 인생엔 열 가지 기적(奇蹟)이 있고, 세상은 이를 일러 인생 십적이라 부른다. 인생 십적 중 삼적(三蹟)은 마음을 나눌 수 있는 진정한 친구를 얻는 것이라 했다. 친구는 아니지만, 퇴직 후에 마음이 맞는 후배들과 함께한다는 것만으로 기쁨이고 행복이다. 더는 주눅 들지 말고, 동해의 떠오르는 태양처럼 밝은 내일의 희망을 품어 본다.

(『수필문학』. 2019. 7월호)

성과 공유회

온 산하가 걸작이 되어 모든 이들에게 큰 사랑을 받았던 단풍잎이 초겨울 삭풍에 우수수 떨어진다. 떨어지는 것이 어디 단풍잎뿐이랴. 가을이 깊어가고 단풍이 한창일 때 어머니 같은 큰시누님, 동생 같은 막내동서, 아버지 같은 큰형부를 보내야 했다.

지병이 있어 예견은 하였으나 슬픔은 좀처럼 가라앉지 않았다. 애통함에 내 몸과 마음도 쇠약해질 대로 쇠약해졌다. 전화벨 소리만 들려도 가슴이 벌름거렸다. 입맛도 없고 삶이 허무했다. 무심코 카톡을 보니 청주문화원 문화강좌 '성과 공유회' 초대장이 웃고 있다. 슬픔을 잊고자 큰 기대 없이 참석했다.

대강당에 들어서는 순간 은은한 차향에 매료되었다. 예스러운 전통차 블렌딩이 고아한 아름다움을 발산한다. 감미로운 향긋함에 머리가 맑아지고 기분전환이 되었다. 실용적이면서도 자연을 담은 수려한 생활자수가 시선을 사로잡았다. 한때는 예쁜 생활자수의 매력에 심취했었다. 자잘한 소품들이 늘어날 즈음 급격한 시력 저하로 손을 놓았다. 가지 않은 길에 대한 미련 때문인지 애착이 많이 갔다. 밝은 미소를 주는 서양화, 스토리가 보이는 민화와 캘리그라피, 사군자까지 많은 작품들이 속울음을 삼키는 내 마음을 다독여 주었다.

한국무용, 가야금, 민요 순으로 공연이 시작되었다. 강당 안은 웃음꽃이 만발하고 즐거움이 가득했다. 따뜻한 온기가 느껴졌다. 정적이며 가만가만 움직이는 한국무용이 고통과 아픔, 슬픔을 치유하는지 내 마음도 평온해졌다. 출연자들의 유연한 몸놀림에 젊은 사람들인 줄 알았는데 연세가 지긋해 보였다. 어찌 배우고 익혔을까. 존경스럽다. 청아하고 흥겨운 우리나라 전통악기 가야금 소리는 언제 들어도 좋다. 민요 공연을 보면서 창을 잘했던 며칠 전 타계한 형부가 생각나 눈가에 이슬이 맺혔다.

중세 시대부터 많은 인문 사회학자, 특히 철학자들은 도시는 인간의 삶이 연기되는 연극의 무대로 비유하였다. 그 이유는 인간이 산다는 것은 마치 배우가 연극무대에서 여러 장르의 연기를 하여 좋은 작품으로 평가받는 것처럼, 도시는 무대에서의 삶을 연기하는 장소가 되며, 설치되는 무대의 주제에 따라 삶의 연기가 희극 또는 비극으로 바뀌기 때문이라고 한다.

인간의 삶의 궁극적 목표는 행복이다. 그러니 도시라는 무대는 행복한 삶이 주제로 꾸며져야 한다. 시나리오 역시 행복이 주제가 되어야 한다. 그리고 삶에는 연습이 없으니 연극의 연기와는 달리 반드시 해피엔딩으로 막을 내려야 한다. 따라서 건축, 조경, 자연환경과 문화가 어울리는 질서로 조화된 하나의 무대 세트가 되어야 한다.

이번 '성과 공유회'는 출연자나 관객 모두 코로나19로 지친 몸과 마음을 치유하는 향기롭고 행복한 시간이었다. 지역문화 중심에서 아름답고 풍성한 문화의 꽃을 피우는 문화원은 시민들의 행복한 삶을 위한 길라잡이란 생각을 해본다.

바람이 있다면 시 낭송 프로그램도 있었으면 싶다. 시 낭송을 해본 적은 없지만, 격조 높은 아름다운 마음이 담겨 있는 시를 외우고 낭송하다 보면, 자신도 모르게 맑은 마음 고운 생각으로 가득 차오를 것 같다. 하여 사랑과 행복이 도담도담, 모두가 함께 웃는 문화도시 청주 만들기에 앞장서지 않을까 생각해 본다.

(『중부매일』 2021. 12. 13)

아홉수의 행운을

　따뜻한 사람의 온기가 그리워지는 계절이다. 해맑게 웃으며 품에 안기는 손자가 사랑스럽다. 추위도 잊고 놀이터로 장난감매장으로 돌아다닌다. 등줄기에서 땀이 촉촉이 배어 나온다. 이게 바로 행복이구나 싶다. 보석보다 귀한 손자를 안겨준 며느리가 고맙다.
　민족 대명절인 설도 지났다. 양력으로 보나 음력으로 보나 황금돼지의 해로 육학년 졸업반 아홉수이다. 결코 자유로울 수 없는 나이가 되었다. 살짝 걱정되지만, 졸업이라는 아쉬움보다 일체유심조라고 아홉수의 행운을 기대하는 마음이 크다.
　아홉수라는 것은 나이의 끝수에 아홉의 숫자가 든

해로 아홉수에는 신변에 재앙이 오거나 큰 사고를 당하는 등 불행이 따른다는 전례의 풍설이 있다. 그래서 예로부터 아홉수를 조심하라는 말이 있다. 그러나 학자들은 선조들이 살아오면서 얻어온 조심과 경계라는 지혜로 봐야 한다고 말한다.

아홉수는 꺼리지만, 동서양을 막론하고 7을 행운의 숫자로 생각한다. 7을 신성시하며 행운의 숫자로 생각한 이유는 나라마다 다르나, 러키세븐(Lucky seven)이 국어사전에까지 등록된 것을 보면, 7이란 숫자가 사람들에게 위안이 되고 소망을 갖게 하는 것은 틀림없는 것 같다.

하지만, 내게는 7이란 숫자보다 아홉수인 9가 행운을 주는 것 같다. 열아홉 살 때는 여고생이었으니 무해무득으로 지나갔을 것이나 스물아홉부터는 행운이 따랐지 싶다. 예전에는 아홉수를 꺼려 결혼식도 하지 않았었다. 주위 사람들의 우려에도 불구하고 스물아홉 살 되던 해 1월 말에 결혼하고, 12월 초에 허니문 베이비로 떡두꺼비 같은 아들을 낳았다. 내 인생 최고의 선물을 받은 것이다. 게다가 아홉수가 드는 해마다 승진하지 않으면 영전하였다. 가족들도 그 어느 해보다도 건강하고 평안하니 기쁨과 보람이 충만했다고 볼 수 있다.

행운은 이어져 쉰아홉에 꿈에 그리던 서기관으로 승진했다. 교육청 산하 여성 행정직 공무원으로는 처음이다. 공직생활을 인정받은 것 같아 가슴이 벅차오르고, 나 하나의 영광으로 끝나는 것이 아니니 무척 기뻤다. 수백 명의 여성 공무원들에게 꿈과 희망을 줄 수 있음에 보람과 긍지가 느껴졌다. 지금 생각해도 아홉수의 행운은 내 인생을 한 단계 업그레이드시켜 주었을 뿐만 아니라, 더욱더 알차고 보람차게 했다.

  올해는 그 어느 해보다도 아홉수의 행운을 학수고대한다. 딸도 아홉수이니 혹시 딸에게 행운이 따르지 않을까 싶어서다. 결혼 적령기가 한참 지났음에도 결혼 생각도 하지 않는 딸이 좋은 사람을 만났으면 하는 마음이 너무도 간절하기에.

  요즈음 젊은이들은 결혼이 인생의 전부는 아니라고 한다. 이해 못 하는 건 아니다. 하지만, 부모 입장에선 자녀들이 결혼하여 아이 낳고, 오손도손 알콩달콩 사는 모습 보고 싶은 게 인지상정이다. 그런데 자유를 누리고자 하는 독신주의자도 아니면서, 결혼 이야기만 나오면 마이동풍인 자녀들 때문에 가슴앓이하는 부모가 나뿐만이 아니다. 능력이 있어도 구속되기 싫다며 회피하는가 하면, 배우자를 행복하게 해줄 자신이 없다며 부모의 애간장을 태운다. 미래의 행복보다 현재의 행복을 즐기는 것이라면 다행이지만 대부분 그렇지 못하니 안타깝다.

  처음부터 완벽이란 게 있을 수 없다. 부족한 부분을 서로 채워가면서 살아가면 좋으련만 만남조차 꺼리니 부모 입장에선 답답하기 그지없다. 나 역시 답답한 마음에 허황한 꿈이라는 것을 알면서도 지푸라기라도 잡고 싶은 마음에 아홉수의 행운을 기다린다.

 어려운 경제 여건 때문에 삼포 세대, 오포 세대, N포세대란 말까지 나왔다. 하루속히 경제가 활성화되어, 일자리 창출과 서민경제가 되살아나 한숨짓고 있는 사람들 얼굴에 웃음꽃이 피어났으면 한다. 그러나 경제가 그리 밝지는 않다고 하니 걱정이다.

 경제가 어렵다 보니 취직하기도 힘들지만, 개인 사업하는 사람들도 힘들기는 마찬가지이다. 사업하는 딸을 옆에서 지켜보았다. 휴일도 없이 하루 14시간~15시간 근무한다. 그렇게 열심히 일해도 현상 유지하기 어렵단다. 곱게 자란 아이가 매일 장시간 일하느라 힘들 텐데도 엄마 걱정할까 봐 내색도 하지 않는다. 병이라도 날까 봐 속이 타들어 가면서도, 당차고 똑소리 나게 운영하는 모습이 대견하다.

 2018년 유행어 설문 조사 결과 1위가 '소확행'이었다. '소확행'은 일상에서 느낄 수 있는 소소하지만 확실하게 실현할 수 있는 행복, 또는 그러한 행복을 추구하는 삶의 경향을 의미하는 것으로 갓 구운 빵을 맛있게 먹으면서 느끼는 만족감, 서랍 안에 반듯하게 정리된 옷을 볼 때 느끼는 기쁨 같은 것이다.

 따사로운 햇살이 참으로 곱고 눈부시다. 벌써 봄이 오는지 담벼락 밑에 새싹이 파릇하게 돋아나고, 해당화 꽃봉오리가 나날이 커지고 있다. 머지않아 봄꽃들이 앞다투어 꽃망울을 터트릴 것 같다. 혼자 사업하느라 '소확행'이나 뜰 안에 피고 지는 꽃도 감상할 여유조차 없는 딸, 기해년엔 좋은 사람 만나 삶의 여유를 가졌으면 한다.

  시대가 변해도 변하지 않는 것은 단란하고 행복한 가정을 이루는 것이다. 독일의 시성 괴테는 '가정에서 행복을 찾을 수 있는 사람이 가장 행복한 사람이다.'라고 했고, 스위스의 교육자 페스탈로치도 '가정의 단란함이 이 세상에서 가장 빛나는 기쁨이다.'라고 했다. 하루속히 딸이 사랑하는 사람을 만나 화목하고 행복한 가정을 이루었으면 하는 마음에, 아홉수의 행운을 기대해 본다.

(『중부매일』 2019. 2. 8)

행복을 담다

색색의 코스모스가 방글방글 웃으며 다가온다. 머지않아 고운 옷으로 갈아입을 꽃보다 아름다운 단풍을 볼 수 있다는 생각에 설레었다. 11월이면 무작정 길을 떠나 늦가을 정취를 만끽하기도 했다. 마지막 잎새 한 장 달린 12월이면, 새해에는 지금보다 더 나은 삶이 펼쳐질 것이라는 희망에 부풀었다.

공직생활을 마감하던 그해 봄, 대퇴부 골절로 3개월 입원 치료에 목발도 일 년 이상 짚었다. 꿈은 사라지고 병원만 가까이하는 것 같아 먹장가슴이 되었다. 그러나 절망만 하며 세월을 보낼 수는 없었.

루이자 메이 알코트의 '구름 뒤에는 항상 빛이 존재

한다.'는 명구를 되새겼다. 언제까지 실의에 빠져 있을 수 없어 절망과 아픔의 문을 닫아걸고, 행복의 문을 두드렸다. 그동안 바쁘다고 주춤했던 글쓰기에 매진하여 두 권의 수필집을 출간했다. 근심과 걱정을 털어내며 행복으로 담아낸 것이다.

바닥을 딛고 일어서니 몸이 점차 좋아졌다. 아직은 무리라는 옆지기와 지인들의 만류에도 불구하고, 평소 꿈꾸던 봉사활동을 찾아 이리저리 기웃거렸다. 뜻이 있으면 길이 있다고, 내 몸에 맞는 봉사활동을 찾았다.

풍선아트 교육을 이수하고, 봉사활동을 다니게 된 것이다. 게다가 독거노인들에게 관심과 온기를 전하는 '손뜨개 목도리 선물하기 자원봉사활동'에도 참여하게 되었다. 손뜨개 봉사는 청주시 자원봉사센터에서 독거노인들에게 겨울을 따뜻하게 보내시라고 목도리를 떠서 선물하는 것이다. 털실은 자원봉사센터에서 제공하고, 봉사자는 재능 기부만 하면 된다. 대바늘로 한 올 한 올 목도리 뜨기를 하고 있으니 어머니가 떠오른다. 내가 떠드리는 조끼, 스웨터, 모자를 매우 좋아하셨던 어머님을 생각하며 정성을 다했다.

어르신들이 좋아하실 생각에 밤잠도 설쳐가며 뜨개질했다. 무리했는지 팔이 저렸다. 그래도 내 작은 힘이 독거노인들이 혹독한 겨울을 보내는 데 도움이 되지 싶어 손을 놓을 수 없었다.

무술년이 풍요와 활기를 상징하는 황금개띠해라고 술렁이던 때가 엊그제 같은데 또 한 해가 저물어 가고 있다. 조용히 한 해를 뒤돌아보았다. 눈에 넣어도 아플 것 같지 않은 손자들의 재롱, 인생 3막을 시작하고 활력이 넘치는 옆지기의 건강한 모습, 자원봉사를 하며 보람을 느꼈던 순간들이 떠오른다. 다리를 다쳐 숙제로 남아 있던 자원봉사단 입단은 과제를 마친 듯 홀가분했다. 게다가 풍선아트 2급 자격증까지 취득하였으니 기쁨과 성취감까지 느낀 해였다.

어찌 보면 삶은 행복과 불행, 기쁨과 슬픔, 행운과 고난의 연속인지 모른다. 다만, 어떻게 받아들이고 대처하는가에 따라 인생이 달라질 뿐이다. 기쁨도 행복도 내가 만들어 가야 하니 하루하루에 최선을 다할 수밖에.

추운 겨울이 있기에 따뜻한 봄은 더더욱 기다려진다. 예전에는 두 다리로 걷는 것은 당연하다고 생각했지, 고맙다고 생각해본 적이 없었다. 다리를 다쳐 몇 년 거동이 자유롭지 못하니 깨달았다. 두 발로 걷는 게 얼마나 소중하고 고마운지를. 완쾌는 아니더라도 마음대로 다닐 수 있는 것만으로 감사하다.

터널을 벗어나니 세상이 달라 보였다. 일상의 소소한 삶이 얼마나 큰 행복인 줄 깨달았다. 형형색색 활기가 넘쳐났다.

주위에서 자기 몸이나 잘 관리하라고 충고하지만, 누군가에게 기쁨과 행복을 주고 싶다. 오늘도 요양병원으로 봉사활동을 다녀왔다. 아니 봉사활동을 한 것이 아니라 행복을 담아왔다. 요통이 심해서 짐이 될까 걱정했는데 기우였다. 행복은 작은 것에 만족하고, 꿈을 향해 나아가는 과정에서 느끼는 성취감과 따뜻한 마음이지 싶다.

(중부매일 2018. 12. 7)

바람을 덮다

2022년 10월 10일 초판 인쇄
2022년 10월 15일 초판 발행

지은이   이난영

발행인   강병욱
발행처   도서출판 교음사
편집   수필문학사 편집부

03147 서울 종로구 삼일대로 457 수운회관 1308호
Tel (02) 737-7081, 739-7879(Fax)
e-mail : gyoeum@daum.net
등록 / 제2007-000052호

* 잘못된 책은 바꿔 드립니다. 값 13,000원

ISBN 978-89-7814-876-4 03810

이 책은 충청북도, 충북문화재단의 후원을 받아
문화예술육성지원사업의 일환으로 발간되었음.